三訂 新しい家族関係学

編著　長津美代子・小澤千穂子

共著　井田瑞江・井上清美・大石美佳・菊地真理
（50音順）　平野順子・冬木春子・細江容子・山下美紀

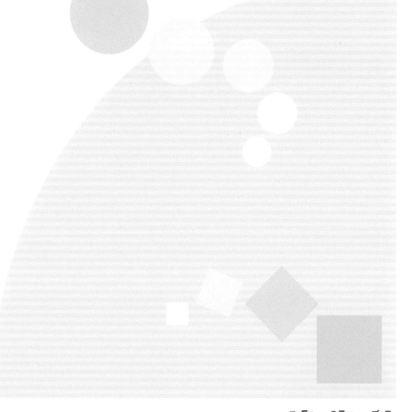

建帛社
KENPAKUSHA

はじめに

　日本におけるここ60数年の家族の変化をおおまかに振り返ってみる。

　1960～70年代は，経済の高度成長を背景に，男性は仕事・女性は家事育児という性別役割分業型家族が，規範としても実態としても広まった。1980年代は，「国際婦人（女性）年とそれに続く国連女性の10年」の活動の中で，性別役割分業が女性の社会参加を阻んでいることが指摘され，批判が高まった。性別役割分業をジェンダー（社会的文化的性別）でとらえる視点も生まれた。

　1990年代は，個人の価値や選好を優先する個人化の傾向が家族の領域まで及び，家族に関するそれまでのさまざまな規範が弱体化した。家族研究においては，性別役割分業・情緒関係重視・子ども中心などを特徴とする，いわゆる最も家族らしい家族を「近代家族」ととらえ，それは普遍的なものではなく，近代になってから誕生した家族であるから，時代とともに変わりうるという見方がされた。

　2000年代になると，経済の構造改革の影響により非正規雇用が増え，経済格差が広まり，家族を形成・維持できる人々とできない人々の分断が始まった。近年は，「近代家族」的な規範は流動化し，日本においても家族の多様性の理解が進み，多様な家族のあり方を積極的に支援しようという取り組みも増加している。しかし，経済格差のさらなる拡大により，「近代家族」的な家族であれ，従来の家族規範にとらわれない家族であれ，多くの人がさまざまな生活上の困難に直面し，自らと家族の将来に不安を感じているのが実情である。

　少子高齢化と人口減少が進行する中で，これからの家族はどうなっていくのだろうか。家族に代わる新たな社会システムは構築されるのであろうか。2019年末からのコロナ禍は，家族にどのような影響をもたらすのであろうか。

　これから自らのライフコースを創る大学生がこうした家族の現実を学び，家族についての議論を深め，自分は家族とどのようにかかわっていくのかについて考えるための素材となることを意図して本書は執筆された。章の構成は，乳幼児期の「生まれる・育つ」から始まり，子ども期，青年期，壮年期に生じる事がらを家族とのかかわりでとらえ，高齢期の「支えられて生きる」で終わる

ように配列した。生涯発達を踏まえ，家族関係学を学ぶにあたっての基本的な用語を押さえ，家族の現実を理論や客観的なデータを使って説明するとともに，社会の変化を見据え，これからの家族のあり方にも言及したオーソドックスな教科書である。

　序章は，家族の定義と機能に言及し，家族関係学を学ぶ意義について述べている。第1章は子どもが生まれ育つ家族と社会を概観し，子どもの育ちと家族・地域社会との関係を述べている。第2章は子どもが直面している問題や子どもの生きづらさを取り上げ，第3章は若者のおかれている現状や青年期の親子関係の特徴について論じている。第4章は多様な性や若者の性行動，医療技術の進歩と生殖の変化などの状況，第5章は皆婚社会の終焉や日本の結婚の変化，第6章は夫婦関係の変化や発達，およびパートナーシップの現状と課題について論じている。第7章は離婚・再婚の動向をとらえ，ステップファミリーの家族関係について考察している。第8章は母親および父親の子育ての動向とその社会的支援を論じ，第9章はワーク・ライフ・バランス施策を紹介し，現状と実践について説明している。第10～12章は高齢者に関連した章で，第10章は親のケアにかかわる，第11章は高齢者の社会関係や生きがい，第12章は支えられて生きるという側面から論じている。終章は，これからの社会の変化と家族の変化の特徴を述べ，家族のつながり，家族を超えたつながりをどう創り出していくかに言及している。

　本書は，大学生が家族について学ぶ際の入門書になることを意図しているため，図表を多く掲載するとともに用語解説やコラムも加え，わかりやすい論述を心掛けた。さらに，各章の最後には，学習課題を設け，レポート課題として取り組めるように工夫した。大学生だけではなく，家族についての理解を深めたいと思っている人にも，是非，読んでいただきたい。

　今般，改訂版発行から数年が経過したため，一部の記述を改めるとともに，統計の更新を行い，三訂版を刊行することとなった。全体の構成は変更していない。より多くの方々にお読みいただきたいと願っている。

　最後に，出版をご快諾いただいた建帛社に感謝申し上げたい。

2023年1月

編　著　者

目　　次

第8章　子育てと子どもの社会化　　　　　121

第9章　ワーク・ライフ・バランス　　　　136

第11章　高齢期の社会関係と生きがい　　　　167

第12章　支えられて生きる　　　　　　　　183

序　章　家族関係学を学ぶにあたって

1. 家族についての見方

（1）家族は定義できるか

　家族という言葉は日常的に使われている。「家族が崩壊している」「子どもの育ちにとって，家族は重要だ」「一番大切なものは家族だ」など，いくらでもあげることができる。では，家族はどのように定義できるのだろうか。家族を定義しようとすると，一筋縄ではいかないというのが現実である。

　ためしに，次にあげる人は家族か家族でないか考えてみよう。

　子ども，配偶者，孫，子どもの配偶者，親，祖父母，配偶者の親，きょうだい，きょうだいの配偶者，別居の離婚した親，再婚した親の配偶者，同性愛のパートナー，同棲しているパートナー。

　おそらく，子どもや配偶者は，高い確率で家族と認知されるであろうが，そのほかの場合は，同居しているか，親しく交流しているか，親族関係にあるかなどによって異なるであろう。すなわち，誰を家族とみなすかは人によってさまざまである。

　こうした状況の中で，家族をはっきりと定義することは，定義の範疇には入らないが，家族だと思って生活している人々を「家族」から排除することになる。このことは，家族の多様性を否定し，差別につながりかねない。

　したがって，本章では，「家族は，一般には，夫婦・親子・きょうだいなどによって構成される関係体である」ととらえておき，家族という言葉で表される現象や事実が意味するいくつかの側面に注目していきたい。

（2）家族をどうとらえるか

　山根（1996）は，「家族は，生活集団，人生過程，ライフスタイル，親族関係，社会制度としての5つの面を持っている」と述べているが，この言説は，今日においても説得力をもっている。

1）生活単位としての側面

　まず，家族には，生活集団としての側面がある。家族は，同じ家に住み，生計を共にして生活していることが多い。単身赴任の場合は，同じ家に住んではいないが，生計のつながりをもって生活している。したがって，現在は，生活集団としての側面というよりも，「生活を共同する単位」としての側面といい換えたほうが適切である。

2）人生過程としての側面

　私たちは長い人生の過程において，常に家族とかかわって生きているわけではない。人はほとんどの場合，家族に生まれ育てられるが，大人になるとさまざまな人生がある。家族とかかわりつづけて生きる人もいれば，家族から自由になって生きる人もいる。家族との縁が断ち切れてしまう人もいる。しかし，人は家族とのかかわりを抜きに人生を語ることはできない。その意味で，家族は人生過程に影響する極めて重要な関係体であるということができよう。

3）ライフスタイルとしての側面

　家族には，生まれた家族と自分が新たにつくる家族とがある。近年は，適齢期規範が消失し，結婚への圧力が弱まっているため，結婚して自らの家族を形成しないという生き方を選択する者も少なくない。結婚してつくった家族とともに生きるのか，シングルで生まれた家族とともに生きるのか，シングルで単独世帯で暮らしていくことを選ぶのか，いずれの生き方も個人の責任で選択できる時代になったというのが，ライフスタイルとしての家族の側面である。

4）親族関係としての側面

　親族関係によって構成されるというのも家族の特徴の一つである。親族は，血族，配偶者，姻族によって構成される。自分には父と母と姉がいて，父と母にはそのまた父と母がいて，というように親族関係網を作成すると，それは無限に拡大する。個人を中心とした親族関係網の一定の範囲を家族として認知しているが，どの範囲を家族とするかは，社会や文化によって異なる。現代では，個人の意識によっても異なっている。

5）社会制度としての側面

　家族は，人類の存続にかかわる生殖という機能を有していることから，社会的に制度化されている。「日本国憲法」第24条で，婚姻は夫婦が同等の権利を

有し相互の協力で維持されなければならないことが規定され,「民法」においても夫婦間や親子間の扶養義務が規定されていること,家族の経済的状況や社会的状況を改善するためのさまざまな社会政策があること,また,家族に関連した問題が生じた場合には,国家は,その解決のためにさまざまな支援策を講じていることなどは,家族が社会制度として位置づけられていることを示すものである。

(3) 家族にはどのような機能があるか

　家族がさまざまな葛藤を抱え,危機をはらみながらも変化しつつ現在に至り,いまだなお,多くの人々が家族を形成して生きるのは,家族が個人にとっても社会にとっても一定の機能を果たしているからである。家族の機能は多々あるが,大きく三つにまとめることができよう。子どもの基礎的社会化,生活の相互保障,家族員の情緒的安定である。

1) 子どもの基礎的社会化

　子どもの社会化とは,「子どもが社会に適応できるように,所属する社会の生活習慣や価値,行動様式などを自己の内部に取り入れていく過程」である。「生理的早産」といわれるように,生まれたての人間は,大人の適切な保護と援助がなければ生きていくことができない。ほとんどの子どもは家族の中で,人間として生きていくうえでの基本的なことがらを習得する。朝起きて夜寝ること,トイレで排泄すること,就寝前は歯を磨くことなどの生活習慣に始まり,さまざまな生活技術や知識,善悪の判断などを身につけていく。その基礎の上に,学校やその他の集団で学んだことがらが積み重ねられ,社会を構成する一員として成長していくのである。低年齢で保育園に入所している場合も例外ではない。親は園での子どもの様子に気を配り,相互に緊密な連絡を取り合い,家庭と保育園の子育ての連続性が保障されるような態勢をつくり上げ,保育園とともに子どもの社会化の一翼を担っている。

　子どもの基礎的社会化の役割を家族が果たしているということは,子ども個人の視点からみると,家族は子どもと社会をつなぎ,社会での生活が容易になるように導く役割を果たしている。このことは,社会からみれば,その社会で生きる人間としての行動様式をもった成員が再生産され,社会の存続と発展に

寄与することにつながっている。

　人間としての基礎固めに第一義的にかかわり，その後も十数年にわたって成長にかかわりつづけることができるのは，今のところ，家族をおいてほかにはない。その意味で，子どもの基礎的社会化は，家族の最も重要な機能といえるであろう。

2）生活の相互保障

　生活の相互保障とは，「住居，食事，家計を共にして暮らし，困ったときには助け合って，日常生活を送ること」である。既述したように，現代社会では，単身赴任の場合，同一居住や共食は困難であるが，家計のつながりをもち，家族員の生活に配慮しながら日常生活を送っていることが多い。このような場合は，生活の相互保障のネットワークに組み込まれているといえる。

　日常の生活の中で，家族が困ったとき助け合う場面は多い。家族の誰かが病気になったとき，子どもがいじめにあったとき，子どもが非行に走ったとき，生活が苦しくなったとき，家族は，仕事を休んで病気の子どもに付き添ったり，相談機関に相談に行ったり，仕事を探したりして，その当事者や家族全体の問題が解決できるような方法を考え実践する。そうしたことが長期に及ぶ場合もあろう。また，重大な意思決定を迫られることもあろう。こうした状況にとことん付き合い，向き合えるのは，家族をおいてほかにはない。しかも，現代社会では，その範囲は，配偶者，親，子どもなど極めて限られた狭いものとなっている。

　近代社会においては，私的扶養が原則である。すべての個人を家族が包摂し生活を保障することは，社会的にみれば，国家の負担の抑制につながる。しかし，現在，家族は大きく変化している。さまざまな社会的支援なくして，家族員の生活を保障していくことは難しくなっている。

3）家族員の情緒的安定

　職場や学校などの公的な世界に対して，家族はそこから一線を画した私的な世界であり，安らぎが得られるところであることが期待されている。結婚したてのカップルに，「どのような家族をつくりたいか」と尋ねると，「ホッとできる家族をつくりたい」という言葉が返ってくることが多い。なぜ人は家族に安らぎ・癒しを求めるのだろうか。業績に基づいた評価が行われる公的世界は，

緊張の連続であり，本心を出さない表面的な付き合いが多い。それゆえ，私的な領域では，リラックスして本当の自分を取り戻したいと願うのであろう。家族がこうした役割を果たしてくれれば，人々の情緒は安定し，ひいては社会の安定にもつながる。

　しかし，情緒的安定どころか，家族がストレスを生み出すこともある。児童虐待，ドメスティック・バイオレンス，高齢者虐待などの家庭内暴力，家事に協力的でない定年退職後の夫とともに過ごす妻の日常などは，家族が癒しというよりも情緒的不安定の温床となっていることも忘れてはならない。

2. 家族関係学を学ぶ意義

（1）家族の相対化

　家族は極めて身近な存在であるために，誰もが家族について一家言をもっている。「家族とはこういうものよ」「家族とはこうあるべきだ」と。ある年齢になると，みな家族についての評論家になることができよう。しかし，それは個人の体験に根差した意見や考え方で，思い込みであることも少なくない。家族は，歴史的・社会的・文化的につくられてきたものであり，語るとなると，それほど簡単なことではない。

　家族関係学を学ぶということは，自分の家族に対する固定的な考え方から離れて，家族に対するさまざまな分析概念を習得し，その概念を使って家族を客観的に分析し，考察するという作業に取り組むことである（家族の相対化）。そうすることによって，これまでとは異なる家族に対する考え方に出会うに違いない。

（2）予期的社会化

　予期的社会化は，「将来，付与されたり獲得するであろう地位や役割に関する知識や態度，技能などを学習すること」（森岡ほか，1993）と定義される。すなわち，将来を見越した社会化を意味する。大学生は，これから，結婚，親役割の取得，離婚，再婚，子育てと仕事の両立，高齢者介護（体験順番はこのとおりではなく，また体験しない出来事もあるだろう）など，さまざまな人生上の出来

事に直面し，ライフコースをつくっていく。これらの出来事に直面したとき，何が問題なのかを学んでおけば，大きな困難に直面することなくその出来事を通過していくことができるであろう。

（3）家族をみるまなざしの変化

　私たちは学びを通して，新たな発見をしたり，自分の考えを確固としたものにしたり，逆に自分の考え方を修正したりする。また，蓄積された知識は力となり，態度や行動に変化をもたらすこともある。

　家族の変動期には，さまざまな考え方があらわれ，これまで少数であった現象がそうでなくなったりして，家族の多様化が進行する。こうした時代には，家族に関する他者の態度や行動は，自己のそれと同様に尊重されなければならないというまなざしを，学びを通して培うことが大切である。

【引用・参考文献】

嶋﨑尚子，「家族をいかに観察するか」宮本みち子・清水新二編著『家族生活研究—家族の景色とその見方—』放送大学教育振興会，2009，9-22.

日本家政学会編『現代家族を読み解く12章』丸善出版，2018.

藤見純子，「現代日本人は誰を家族と思っているか」藤見純子・西野理子『現代日本人の家族』有斐閣，2009，2-14.

森岡清美・塩原勉・本間康平編集『新社会学辞典』有斐閣，1993.

山田昌弘『「家族」難民　生涯未婚率25％社会の衝撃』朝日新聞出版，2014.

山根常男，「人間にとって家族とは」山根常男・玉井美知子・石川雅信編著『わかりやすい家族関係学』ミネルヴァ書房，1996，1-28.

第1章 生まれる・育つ

1. 生まれる・育つ「社会」

（1）生まれる・育つ「家族」

　生命（いのち）の誕生ほど神秘的なものはない。人は母親の胎内で育ち，ほとんどの場合，「家族」に生まれ，育てられ，やがて大人になると自分の「家族」を創る。前者は主に子どもとその父母，兄弟姉妹からなる家族であり，子どもとして生まれ，育てられる家族を「定位家族」という。定位家族の体験は人格形成に大きな影響を及ぼすが，「どのような家族に生まれるか」について子ども側に選択の余地はない。一方，新たに創る家族を「生殖家族」といい，結婚する・しない，子どもをもつ・もたないなど，どのような「家族」を創るかは選ぶことが可能である。

　近年は，定位家族から独立して生殖家族を形成するという生き方が必ずしも想定されなくなっており，どのような家族を経験するのかも，個々人によって選択される余地が拡大している。

　では，子どもはどのような「家族」のもとで生まれ，育つのだろうか。表1-1は「国民生活基礎調査」（厚生労働省，2021）における「児童のいる世帯」の世帯構造別世帯数を表している。児童のいる世帯は1,073万7,000世帯で全世帯の20.7％である。1986年では「児童のいる世帯」が全世帯の46.2％を占めていたが，年々「子育て世帯」が減少していることがわかる。

　世帯構造別にみると，核家族世帯が82.6％と最も多く（887万世帯），三世代世帯（拡大家族）が12.9％（138万世帯）となっている。核家族世帯では，「夫婦と未婚の子のみの世帯」が76.2％（818万世帯）を占めている。

> **核家族と拡大家族**
>
> 　核家族とは，夫婦と子ども，夫婦のみ，ひとり親と子どもからなる家族形態である。
>
> 　拡大家族とは，子どもが結婚後も親と同居するなど，二つ以上の核家族が結びついた家族形態である。祖父母や父母と子どもからなる三世代家族は拡大家族の一形態である。

表 1-1　世帯構造別にみた児童のいる世帯数および平均児童数の年次推移

年次	児童のいる世帯	全世帯に占める割合（％）	核家族世帯	夫婦と未婚の子のみの世帯	ひとり親と未婚の子のみの世帯	三世代世帯	その他の世帯	児童のいる世帯の平均児童数
	【推計数】（単位：千世帯）							（人）
1986	17,364	(46.2)	12,080	11,359	722	4,688	596	1.83
1989	16,426	(41.7)	11,419	10,742	677	4,415	592	1.81
1992	15,009	(36.4)	10,371	9,800	571	4,087	551	1.80
1995	13,586	(33.3)	9,419	8,840	580	3,658	509	1.78
1998	13,453	(30.2)	9,420	8,820	600	3,548	485	1.77
2001	13,156	(28.8)	9,368	8,701	667	3,255	534	1.75
2004	12,916	(27.9)	9,589	8,851	738	2,902	425	1.73
2007	12,499	(26.0)	9,489	8,645	844	2,498	511	1.71
2010	12,324	(25.3)	9,483	8,669	813	2,320	521	1.70
2013	12,085	(24.1)	9,618	8,707	912	1,965	503	1.70
2016	11,666	(23.4)	9,386	8,576	810	1,717	564	1.69
2019	11,221	(21.7)	9,252	8,528	724	1,488	480	1.68
2021	10,737	(20.7)	8,867	8,178	689	1,384	486	1.69
	【構成割合】（単位：％）							
1986	100.0	—	69.6	65.4	4.2	27.0	3.4	—
1989	100.0	—	69.5	65.4	4.1	26.9	3.6	—
1992	100.0	—	69.1	65.3	3.8	27.2	3.7	—
1995	100.0	—	69.3	65.1	4.3	26.9	3.8	—
1998	100.0	—	70.0	65.6	4.5	26.4	3.6	—
2001	100.0	—	71.2	66.1	5.1	24.7	4.1	—
2004	100.0	—	74.2	68.5	5.7	22.5	3.3	—
2007	100.0	—	75.9	69.2	6.8	20.0	4.1	—
2010	100.0	—	76.9	70.3	6.6	18.8	4.2	—
2013	100.0	—	79.6	72.0	7.5	16.3	4.2	—
2016	100.0	—	80.5	73.5	6.9	14.7	4.8	—
2019	100.0	—	82.5	76.0	6.5	13.3	4.3	—
2021	100.0	—	82.6	76.2	6.4	12.9	4.5	—

注1）1995年の数値は，兵庫県を除いたものである。
　2）2016年の数値は，熊本県を除いたものである。
　3）2020年は，調査を実施していない。
　4）「その他の世帯」には，単独世帯を含む。
出典）厚生労働省「国民生活基礎調査」2021より作成

　世帯数を1986年と比較すると，核家族世帯では「夫婦と未婚の子のみの世帯」は減少し，「ひとり親と未婚の子のみの世帯」も近年減少傾向にある。また，三世代世帯も減少しており，世帯の平均児童数も1.7人を割り込み，家族の小規模化が進行している。子どもの最も身近な拠り所である「家族」が小規模化している中で，子どもをめぐるサポート・ネットワークのあり方も再編が求められよう。

（2）少子社会と子ども

　次に，子どもたちが生まれ，育つ「社会」についてみる。図1-1では出生数および合計特殊出生率の推移を示している。各年の出生数をみると，第一次ベビーブーム（1947〜1949）では約270万人，第二次ベビーブーム（1971〜1974）では約200万人であるのに対して，2021年は81万1,622人となってい

> **合計特殊出生率**
> 　合計特殊出生率とは，ある年次における15〜49歳までの女性の年齢別出生率を合計したもので，1人の女性が生涯に生む子どもの数の目安になる。人口置換水準は2.07であり，これを下回ると人口規模は減少するとされる。

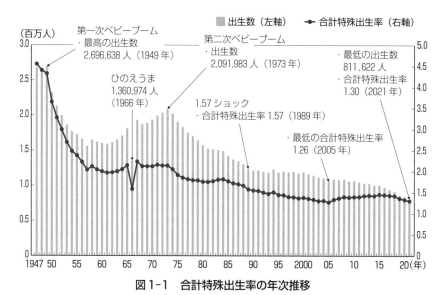

図1-1　合計特殊出生率の年次推移

出典）厚生労働省「人口動態統計」

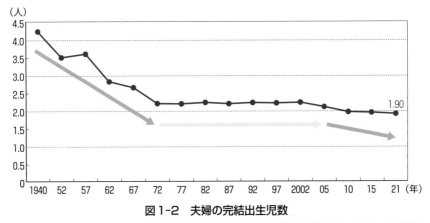

図1-2　夫婦の完結出生児数

注）対象は結婚持続期間15〜19年の初婚同士の夫婦（出生子ども数不詳を除く）。各調査の年は調査
　を実施した年である。
出典）国立社会保障・人口問題研究所「第16回出生動向基本調査（夫婦調査）」2021による

る。2021年の合計特殊出生率は1.30であり，人口置換水準とされる2.07より少なく，少子化が続いている。

　では，少子化によって子どものきょうだい数は減少しているのだろうか。

　図1-2は，夫婦の最終的な平均出生子ども数を表す「夫婦の完結出生児数」を示している。1972年から2002年までは2.2人とほとんど変化していないが，2021年には1.90に低下している。しかし，約7割以上の夫婦が2人の子どもを生んでおり，依然として「2人っ子」規範は強い。

　一方，「ひとりっ子」は約20％であり，約80％の子どもにきょうだいがおり，少子化により「ひとりっ子」が著しく増加しているとはいえない。「少子化によりきょうだい数が減少して子どもの社会性が低下している」という主張を聞くことがあるが，データからはその主張は一面的であるといえるであろう。

（3）母親の就業と子ども

　次に母親の就業について取り上げる。図1-3は末子の年齢別に就業している母親の割合を示している。2001年と2021年を比較すると，後者のほうが就業している母親の割合は高い。また，末子の年齢別にみると，末子が0歳の母親の就業している割合は60.2％であるが，年齢が上がるにつれて上昇し，3歳児

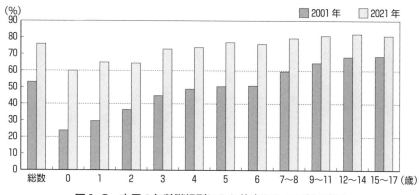

図1-3 末子の年齢階級別にみた仕事ありの母親の割合

注1)「母の仕事の有無不詳」を含まない。
出典) 厚生労働省「国民生活基礎調査」2021

では73.1%，4〜6歳では約74〜76％にのぼる。働く母親が増加するのに伴い，日中，認可保育所，あるいは認可外保育所などの集団保育施設において過ごす子どもたちが多くなる。このことは，現代家族の機能である「子どもの社会化」を専門機関で担う比重が高まっていることを示すものである。

2. 発達の基盤としての「家族」

　家族社会学者のパーソンズ（Parsons, T., 1956＝1970）は，「家族は人間のパーソナリティをつくり出す工場である」と述べており，子どもの人格形成に及ぼす家族の役割の大きさを指摘した。本節では，「子どもの社会性」に及ぼす家族の役割について，研究知見をもとに概観する。

（1）社会的な存在としての人間
　人は社会的な動物である。人はひとりでは生きていくことができず，社会をつくり生活する。そのため，人は高度に「社会性」を備えていることが求められる。社会性とは「人が社会的存在として，自分の属する社会で能動的・適応的に行動できること」と広義には定義されるが，狭義には「円滑な対人関係や社会的活動への能動的・協調的な参加などが可能な社会的適応面」と定義され

る（東ほか，1973）。すなわち私たちは，人と円滑に関係を結んだり集団を維持するために，協調的な態度をとろうとする。また，他者に対してもそのような行動をとることを求め，集団を乱すような振る舞いには嫌気がさすことがある。これは，私たちに高度な社会性が備わっているからであるが，その社会性は，生まれたときからの養育者との関係性を軸に身につけていくものである。

（2）アタッチメント

　社会性の発達の基盤は養育者との関係にあるといわれている。そのことをアタッチメント理論として提唱したのがボウルビィ（Bowlby, J.）である。ボウルビィは，乳幼児期における親子関係が子どもの発達に及ぼす重要性を「アタッチメント」という概念を用いて説明している。

　アタッチメントとは，特定の養育者との間に築かれる「情緒的な絆」と定義されることが多い。遠藤（2011）は，「何らかの危機的状態に際して自分のうちにネガティブな感情が生じたときに，それを他者との関係を通して制御・調整し，自分は安全であるという感覚を取り戻したうえで，再び自律的に活動することができるように背後から支える心のメカニズム」と定義する。乳児にとって，この世界は，さまざまな「危機」が潜んでいるところである。例えば，急に母親の姿が見えなくなったり，見知らぬ人がやってくるような「危機」である。乳児はその「危機」に遭遇したり，あるいはその「危機」に備えて，いつも世話をしてくれる「特定の対象者」との近接を求め，近接によって「安全の感覚」を得ようとする本性がある。そして，特定の養育者から「安全の感覚」を得られると，また再び探索活動を開始する。つまり，養育者は乳児の探索活動の「安全基地」となることで，乳児は自律的に活動することができるというのである。

　ボウルビィ（1973＝1977）によると，子どもにとって重要なのは，子どもが望むときには，特定の養育者から「安全の感覚」を得られるとする確信をもてるかどうかである。子どもは愛着対象との相互作用を通して，自分自身が自分の愛着対象にどのように受容されているかを感じとり，自分の周囲の世界や他者の振る舞い，自分の行動について心的な表象モデルを構築する。これらのモデルを拠り所に，出来事を知覚し，未来を予測し計画を立てる。これを「内的

作業モデル」といい，新しく取り結ぶ関係は，このモデルに沿ったフィルターにかけられる。つまり，乳児期から幼児期にかけて構築された「内的作業モデル」は，生涯にわたって連続性をもつものであり，生涯の対人関係の枠組みになるとされる。

（3）母子関係モデルからソーシャル・ネットワーク・モデルへ

このように，子どもの社会性の基盤は家族関係，とりわけ，いつも世話をしてくれる養育者との関係にあるとするのがアタッチメント理論である。アタッチメント理論では，子どもが取り結ぶ母親的人物との関係性が，のちの発達に長期にわたって影響を及ぼすとする母子関係モデルを提唱する。ただし，このモデルでは，以下のような疑問点が指摘される。第1に，愛着対象は母親を中心とする養育者という単一でなくてはならないのかという点である。すなわち，子どもの初期発達にとって母子関係が重要視されているが，子どもにとっての愛着対象は複数存在し得るのかということである。第2に，初期の発達がのちの発達を規定するという説の根拠である。乳幼児期における発達の連続性を過大視するあまりに，発達における柔軟性や弾力性をとらえていないのではないかという疑問である。

このようなアタッチメント理論に対して提唱されているのが，ソーシャル・ネットワーク・モデルである。ルイス（Lewis, M., 2005＝2007）は，新生児は，多数のネットワークからなる社会に生まれる存在であることをふまえ，母子関係という二者を問題にする枠を超える必要性から，ソーシャル・ネットワーク・モデルを提唱している。このモデルでは，母子関係は重要であるが，子どもの育ちには父親，祖父母，仲間などとの相互関係も重要であるとしており，子どもの愛着対象も複数であるとみなす。

さらにこのモデルでは，子どもは多様な人々からなるネットワークの中に存在するとして，母子関係はその中の一つの関係性とみなす。すなわち，モデルでは，子どもを取り巻く多数のネットワークからなる人間，例えば母親，父親，きょうだい，祖母，祖父，保育者，友だちなどが，それぞれの機能（保護，世話，遊び，学習）を果たし，その子どもの発達に貢献しているとする。つまり，母−子関係と子ども−子ども関係は互いに独立し，並行して存在するシステ

ムであり，母親と友だちでは果たす機能は異なっており，子どもの発達に及ぼす影響も異なるととらえるのである。

　子どもの社会性の発達には，初期における母親的人物との関係性が長期にわたって影響を及ぼすとする「母子関係モデル」の限界を超えようとする中で，「ソーシャル・ネットワーク・モデル」は生まれてきた。家族の形や機能が変容している中で，母子関係だけでなく，子どもを取り巻くネットワークから得られる多種多様なサポートが子どもの発達に寄与するという議論は，より説得力をもつであろう。母子関係がうまくいかないような場合にも，父親や保育者との良好な関係性によって子どもに及ぼす悪影響が防御される可能性もある。そこでは，乳幼児期の発達が可塑性に富んでおり，子どもをめぐるサポート・ネットワークのあり方こそが重要であることを示唆している。

3. 子どもの基本的生活習慣と家族

　子どもの基本的生活習慣とは，食事，睡眠，排泄，衣服の着脱，清潔等の生活習慣のことである。食事，睡眠，排泄の習慣は生理的発達と関連する習慣であり，衣服の着脱，清潔の習慣は文化や精神的発達と関連する（谷田貝，2002）。

　子どもは生活の自立に向けて，養育者をはじめとする大人からの助けを借りながら，発達に合わせた適切な活動を繰り返すことで，自分が所属する社会の生活様式を身に付けていく。そのプロセスでは家族を取り巻く社会経済的な環境が大きく影響する。

（1）子どもの生活リズムの「乱れ」

　近年，寝る，起きる，食べる，排泄する，活動する，寝る…という毎日の規則的な「生活リズム」が乱れている子どもが少なくないことが報告されている。厚生労働省「21世紀出生児縦断調査」（2007）（2009）によると，午後10時以降に就寝する3歳6か月の子どもは約40%にのぼる。その子どもが5歳児になると，就寝時刻が早まるものの，土曜日には約40%の子どもが午後10時以降に就寝する。7歳児になると平日の就寝時刻が「午後9時前」約25.0%，「午後9時台」約60%であるが，土曜日は約30%の子どもの就寝時刻が午後10時

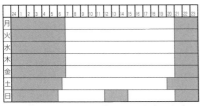
睡眠-覚醒リズムが一定である群（類型Ⅰ）

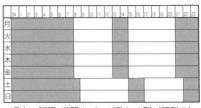
週末に睡眠-覚醒リズムが乱れる群（類型Ⅱ）

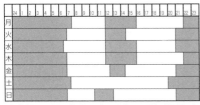
全体的に睡眠-覚醒リズムが乱れる群（類型Ⅲ）

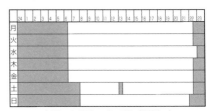
夜更かし傾向のある群（類型Ⅳ）

図1-4　保育所児の睡眠―覚醒リズムの類型

注）一週間における幼児の起床および就寝時間（夜間の睡眠時間）および午睡の時間をグレーで表している。保育所での午睡については正確な記録ができないため、「夜間の睡眠」についてのみ分析対象としている。

出典）冬木春子「親の社会経済的環境からみる幼児の睡眠習慣」『静岡大学教育学部研究報告』67，2016，p.237より作成

以降である。国際比較調査においても、日本の子どもの「遅寝」が指摘されており、乳児に限ってみると、調査参加16か国の中で日本の子どもの睡眠時間が最も短いとする結果が明らかにされている（神山，2010）。

　保育所児を対象にした睡眠-覚醒リズムの調査（冬木，2016）では、家庭での一週間の睡眠表を類型化し、特徴を示している（図1-4）。類型Ⅰは「睡眠-覚醒リズムが一定である群」、類型Ⅱは「週末に睡眠-覚醒リズムが乱れる群」である。類型Ⅲは「全体的に睡眠-覚醒リズムが乱れる群」であり、類型Ⅳは「夜更かし傾向のある群」である。

　調査の結果から、類型Ⅰは全体の52.8％（276人）で最も多いものの、類型Ⅳは33.7％（176人）で次に多い。さらに類型Ⅱは9.6％（50人）、類型Ⅲは4.0％（21人）となっており、保育所児の睡眠-覚醒リズムの特徴として「夜更かし群」が多く、生活リズムの改善を要する子どもが約50％である。

　睡眠-覚醒リズムは脳内の視交叉上核に存在する「生体時計」によって支配

されているといわれているが，生まれてからまもなくは機能せず，生後3か月近くになると機能し始め，起床および就床時刻が一定してくるとされる（神山，2010）。その際，ヒトの生体時計は朝の光によって地球時刻に合わせるという作業を無意識に行っており，ホルモンの分泌もこのリズムに連動する。このことから，子どもたちが夜型生活になり生活リズムが乱されると，ホルモン分泌にも悪影響が及ぼされ，子どもの心身の健康を悪化させるといえる。

（2）子どもの睡眠習慣に影響を及ぼす諸要因

　幼少期にある子どもの睡眠習慣は親のライフスタイルの影響を受けやすい。たとえば乳幼児を対象にした新小田（2008）の研究では，子どもの就寝時間に影響する要因は「母親の平日の起床時刻」であり，次いで「子どもの昼寝時間」「テレビ視聴時間」である。保育所児を対象にした冬木（2016）の研究においても，子どもが22時以降に就寝する「遅寝」は「母親の遅い起床時間」「母親による睡眠管理のなさ」「母親の遅い帰宅時間」が影響を及ぼしていた。一方，父親については子どもの就寝時間に及ぼす影響要因はなく，子どもの睡眠習慣の形成は「父親不在」といえる。このことは，子どもの睡眠習慣は，主な養育者である母親の生活によって影響を受けることを示唆している。それは，わが国においては母親が主として子どもの世話や養育に携わっているケースが圧倒的に多いことや，わが国に多い「母子同室就寝」があげられる。

　さらに，親の労働環境が子どもの睡眠習慣に及ぼす影響も否定できない。冬木（2016）の調査では，母親の帰宅時間が遅くなれば子どもの就寝時間も遅くなることが示されている。仕事による親の身体的・精神的な疲れやストレスが強いと，子どもの健康な睡眠習慣への配慮は後回しにされてしまうことも考えられる。つまり，親の労働環境は間接的に子どもの心身の発達にも影響が及ぶのであり，「ワーク・ライフ・バランス」は，子どもの健全な発達を促すという意味において重要な社会的課題といえるであろう。

（3）子どもの排尿習慣の変化

　子どもの基本的生活習慣のうち「排尿」についてみてみよう（衛藤，2011）。図1-5は，排尿のしつけについて，1980年の「（排尿は）全部自分でできる」と

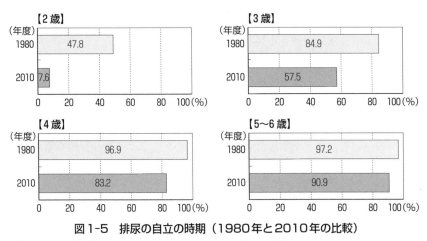

図1-5　排尿の自立の時期（1980年と2010年の比較）

注）1980年は「全部自分でできる」，2010年は「もう完了した」割合。
出典）衞藤隆，「平成22年厚生労働科学研究　幼児健康度に関する継続的比較研究」日本子ども家庭
　　　総合研究所編『日本子ども資料年鑑』KTC中央出版，2012，p.20より作成

答えた者と，2010年の「（排尿のしつけは）もう完了した」と答えた者を比較している。2歳で「排尿が自立した」子どもは1980年では47.8%であるが，2010年では7.6に過ぎない。3歳では，1980年において84.9%が自立しており，排尿の自立を完了する子どもが8割を超えるが，2010年では57.5%である。4歳になり1980年では96.9%，2010年ではようやく83.2%となり，排泄習慣の自立が完了している子どもが大部分を占める。この30年間において排尿の自立が遅くなっていることがわかる。

　排尿の自立の時期が変化している要因として，共働き世帯が増加していることが背景にある。「労働力調査」によると，1980年には専業主婦世帯が1,114万世帯で主流であったが，2021年になると共働き世帯が1,247万世帯となり専業主婦世帯よりも圧倒的に多い（第8章図8-1参照）。この30年間の有配偶女性の就労率の上昇や家庭外保育を受ける子どもの増加も排尿の自立を遅らせた一要因であろう。さらに，育児雑誌やインターネットの普及により育児情報が増え，「おむつは自然に外れるので無理に外そうとすることはない」というように親の考え方に変化が生じているとも考えられる。

　また，紙おむつに用いられる高吸水性ポリマーにより吸水性や保水性が改良

され，「快適性」が大きく向上していることも背景にある。おむつの「快適性」が，子どもの排尿後の通告を遅れさせているとも考えられる。

　このように，家族を取り巻く社会経済的環境の変化は，幼児期にある子どもの生活習慣の形成に影響を及ぼしており，社会の変化に伴って子どもの生活習慣は変化していくといえる。一方，幼児期の生活習慣の「乱れ」は学童期にも持ち越され，成人期の生活スタイルにも影響することも想定されることから，すべての子どもが健康な生活習慣を送ることができるよう，社会的な環境を整えていくことは大切な課題である。

4. 子どもを取り巻く環境

（1）子どもを取り巻く生態学的環境の構造

　これまでみてきたように，子どもを取り巻く環境は多様なものからなる。その環境の多様性と子どもとの相互作用に着目し，それらを一つのシステムとしてとらえたのが，ブロンフェンブレンナー（Bronfenbrenner, U.）である。ブロンフェンブレンナーは，子どもを取り巻く環境を四つのレベルからとらえ，同心円状の内側からミクロシステム，メゾシステム，エクソシステム，マクロシステムと呼んでいる（図1-6）。

　ミクロシステムとは，子どもにとって最も身近であり，直接，接する場である家庭や保育施設，学校である。子どもは複数のミクロシステムに属し，親，きょうだい，仲間たちとの直接的なかかわりをもつ。メゾシステムとは，ミクロシステム間の連携や相互作用である。たとえば，家庭と保育所，あるいは学校が互いに情報交換しな

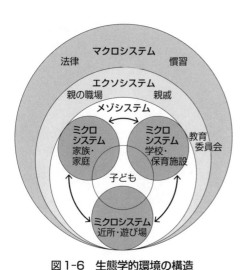

図1-6　生態学的環境の構造

出典）Berk L.E.,『生涯を通じての発達』2004より作成

がらメゾシステムとして機能することで，子どもの援助がより効果的に行える。エクソシステムとは，子どもにとって間接的なかかわりをもつ場，たとえば両親の職場や友人ネットワーク，地域の福祉センターの活動が含まれる。マクロシステムとは，社会の文化や慣習，法制度などであり，ミクロシステム，メゾシステム，エクソシステムのあり方を規定するものである。

このように，子どもを取り巻く環境を一つのシステムとしてとらるアプローチを，エコロジカル・システム・アプローチという。福祉や教育などの実践現場において「エコマップ」を用いて人間と環境の相互作用を理解し，問題状況を明らかにして，援助方法を探るために活用されている。

このアプローチでは，子どもが示すさまざまな問題を「子どもを取り巻く環境全体の問題」としてとらえ，環境全体がバランスを維持しようとする中で「子どもの問題」が生じるととらえる。子どもの問題の所在を「個人」や「家庭環境」のみに求めるのではなく，子どもや家族の背後にある社会環境や制度・政策も視野に入れて，よりよい子どもの生活環境について考えることができる。

（2）子どもの育ちと地域の役割

子どもにとって家族に次いで身近なミクロシステムは地域である。子どもは地域に居住する大人や子どもとかかわり合いながら，その地域の一員として育つ。

幼児期の子どもは自我が芽生え拡大し，運動能力が発達するにつれて，遊び仲間を求めるようになる。子どもは同年齢の遊び仲間を求めるだけでなく，自分より小さい子ども，時には少し憧れの対象である年上の子どもとも遊ぶことを求める。子どもは友だちとのかかわりの中で喜びや楽しさを共有し，時にはいざこざを経験しながら，自分の世界を広げていくのである。

ところが，近年，地域における子どもの遊び環境が貧困になっていることが指摘されている。ベネッセ総合研究所が1995年より5年ごとに実施している「幼児の生活アンケート」では，首都圏在住の就学前の保護者に平日に幼稚園・保育園以外で遊ぶときに誰と一緒に遊ぶのかたずねている。2015年では最も比率が高いのは「母親」86.0％であり，次いで「きょうだい」49.3％，「友だち」

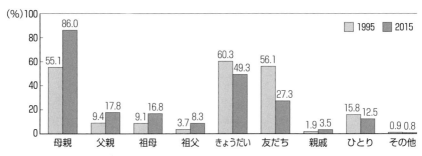

図1-7　平日，幼稚園・保育園以外で一緒に遊ぶ相手（1995年と2015年の比較）

注）複数回答

出典）ベネッセ教育総合研究所「第5回幼児の生活アンケート報告書」p.29，2016より作成

27.3%であった（図1-7）。1995年では，「きょうだい」60.3%，「友だち」56.1%，「母親」55.1%であった。20年間で平日に「母親」と一緒に遊ぶ比率が約30%増加した一方，平日に「友だち」と一緒に遊ぶ比率が約30%減少している。この背景には共働き家庭の増加によって保育時間が長時間になったことや，地域において人間関係が希薄化しつつあることが指摘できる。

　幼児を取り巻く地域の人間関係が狭くなっていることが，子どもの発達に影響を及ぼすという指摘もある。大阪府および兵庫県の都市近郊に在住する幼児をを対象にした原田の研究（2006）によると，「遊び相手が数名いる」子どもは身体発達について「良好」39.1%，「不良」14.7%である。一方，「遊び相手がいない」子どもは「良好」23.4%に過ぎず，「不良」31.4%に及ぶ（図1-8）。同様に，「子どもの遊び相手」と精神発達の関連においても，「遊び相手が数名いる」子どもは「良好」27.6%に対して，「不良」11.3%であるが，「遊び相手がいない」子どもは「良好」13.7%に過ぎず，「不良」31.3%である（図1-9）。このことは，地域において多様な遊び相手と遊ぶことが，幼児期における子どもの豊かな心身の発達に資することを示している。

　子どもが地域において豊かな遊び環境を築くためには，どのような要因が影響するのだろうか。先に述べた原田ら（2006）は，地域における「子どもの遊び相手」の有無は「母親の近所の話し相手」の有無と関連していることを明らかにしている。「母親の近所の話し相手」が「数名いる」場合には，子どもの遊び相手も「数名いる」が約60%と多いが，「母親の近所の話し相手」が「い

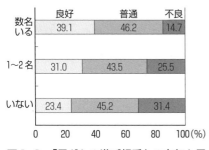

図1-8 「子どもの遊び相手」の有無と子どもの身体発達との関連（3歳児）

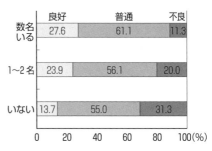

図1-9 「子どもの遊び相手」の有無と子どもの精神発達との関連（3歳児）

出典）原田正文『子育ての変貌と次世代育成支援』名古屋大学出版会，2006，p.102より作成

ない」場合には，子どもの遊び相手も「いない」が約55％と多い。母親が地域に豊かなネットワークを築いていることが，子どもの遊び相手の豊かさと関連している。また近年，育児にかかわる父親が注目されている。地域における父親同士のネットワークも，子どもの豊かな遊び環境を保障する一助になる可能性もあろう。一方，地域において孤立した親と子をどのように支援につなげていくのか，さらに地域で孤立しやすいひとり親や経済的な困難を抱える「脆弱な家族」にどうアプローチし，支援を展開していくのかという課題に取り組んでいく必要がある。

（3）子どもの育ちと社会的養護

　子どもは「家族」において生まれ，育つ存在であるが，いつの時代においてもさまざまな理由により，実の親と暮らせない子どもがいる。戦後は，そうした子どもを社会が家族に代わって育てることができるように，児童福祉制度が整えられた。社会的責任において原則18歳未満の子どもの育ちを保障する仕組みとして「社会的養護」がある。

　社会的養護は施設養護と家庭的養護に分けられる。施設養護では，乳児院や児童養護施設などの児童福祉施設が家族に代わって子どもの養育を行う。家庭的養護としては，登録された養育者の自宅で暮らす里親やファミリーホームがある。施設養護と家庭的養護の中間形態として，一軒家などで6～8人が職員と暮らすグループホームがある。わが国の社会的養護は，施設養護がその大半

表1-2　児童養護施設入所の理由　　　　　　　　　　各年2月1日現在

入所理由	児童数（人）		構成割合（%）	
	2018年	2013年	2018年	2013年
父または母の死亡	684	663	2.5	2.2
父または母の行方不明	761	1,279	2.8	4.3
父母の離婚	541	872	2.0	2.9
父母の不和	240	233	0.9	0.8
父または母の拘禁	1,277	1,456	4.7	4.9
父または母の入院	724	1,304	2.7	4.3
家族の疾病の付き添い	29	＊	0.1	＊
次子出産	60	＊	0.2	＊
父または母の就労	1,171	1,730	4.3	5.8
父または母の精神疾患等	4,209	3,697	15.6	12.3
放任・怠だ	4,589	4,415	17.0	14.7
虐待・酷使	6,080	5,411	22.5	18.1
棄児	86	124	0.3	0.4
養育拒否	1,455	1,427	5.4	4.8
破産等の経済的理由	1,318	1,762	4.9	5.9
児童の問題による監護困難	1,061	1,130	3.9	3.8
児童の障害	97	＊	0.4	＊
その他	2,480	3,619	9.2	12.1
不詳	164	857	2.9	2.9
計	27,026	29,979	100	100

注）＊は，調査項目としていない。
出典）厚生労働省雇用均等・児童家庭局「児童養護施設入所児童等の概要」2013，2018より作成

を占めており，何らかの事情で実親と暮らせない子どもの大半は児童養護施設などの児童福祉施設において集団生活をしている。2018年2月1日現在，全国にある約600カ所の児童養護施設に入所している児童は27,026人である。

　入所の理由を2013年と2018年で比較すると，「親の行方不明」「父母の離婚」「父または母の入院」などが減少傾向にある一方，「虐待・酷使」「放任・怠だ」「父または母の精神疾患」が増加傾向にある（表1-2）。養護施設児童において「両親」あるいは「一人親」が存在している子どもが約90％を超えていることから（厚生労働省，2018），子どもの実親が存在しているにもかかわらず，親の

放任や虐待などの不適切な養育，家族の貧困のために施設で暮らす子どもたちがいることがわかる。

　大規模な施設では子どもが特定の大人と愛着関係を築くことが困難なケースがあったり，一人ひとりへの細やかな対応にも限界があると考えられている。子どもたちが家族の中で受けた心の傷を癒すためにも，家庭環境に近い形態で子どもの育ちを確保することが課題とされており，「里親」「ファミリーホーム」への期待が高まっている。わが国においては，里親委託児童数は6,019人，ファミリーホーム委託児童数は1,688人であり（2021年3月末日現在，厚生労働省「福祉行政報告例」），諸外国に比較して少ない。子どもは世話をしてくれる特定の大人とのかかわりを通じて信頼関係を構築し，それを「安全基地」として世界へはばたく。一人ひとりの子どもの豊かな育ちを等しく保障するために，血縁という「家族」の枠を超えたサポート・システムを新たに作り上げていくという課題に直面しているといえるであろう。

■学習課題────────────────────────────

1．現代家族の機能である「子どもの社会化」を専門機関で担う比重が高まっていることは，子どもにどのような影響を及ぼすであろうか。プラスとマイナスの両面から検討してみよう。

2．現代の子どもが抱える生活問題を一つあげて，エコロジカル・システム・アプローチの枠組みを用いて分析してみよう。そこから，どのような解決策が考えられるのかまとめてみよう。

【引用・参考文献】
東　洋・大山正・詫摩武俊・藤永保編『心理用語の基礎知識』有斐閣，1973.
衞藤隆，「平成22年厚生労働科学研究　幼児健康度に関する継続的比較研究」日本子ども家庭総合研究所編『日本子ども資料年鑑』KTC中央出版，2012，20-23.
遠藤利彦，「人との関係の中で育つ子ども」遠藤利彦・佐久間路子・徳田治子・野田淳子『乳幼児のこころ』有斐閣，2011，85-119.

神山潤『ねむり学入門』新曜社，2010.

谷口泰史『エコロジカル・ソーシャルワークの理論と実践』ミネルヴァ書房，2003.

新小田春美・松本一弥ほか，「乳幼児の発達年齢およびその親子の睡眠習慣からみた遅寝の実
　　態とその影響要因の分析」『福岡医誌』99（12），2008，246-261.

野々山久也編『論点ハンドブック　家族社会学』世界思想社，2009.

パーソンズ，T.・ベールズ，R.F.，橋爪貞雄・溝口謙三・高木正太郎・武藤孝典・山村賢明訳
　　『家族―核家族と子どもの社会化』黎明書房，1956＝1970.

濱嶋朗・竹内郁郎・石川晃弘『社会学小辞典（新版）』有斐閣，1997.

原田正文『子育ての変貌と次世代育成支援』名古屋大学出版会，2006.

冬木春子，「保育所児の睡眠習慣と家族支援」『静岡大学教育学部研究報告』64，2014，143-
　　157.

冬木春子・杉山美穂，「エコロジカルシステム・アプローチからみた子どもの食行動の問題
　　―A児における会食不能症の発症と回復過程に注目して―」『家庭教育研究所紀要』30，
　　2008，14-23.

冬木春子，「親の社会経済的環境からみる幼児の睡眠習慣」『静岡大学教育学部研究報告』，
　　67，2016，233-242.

冬木春子，「親のライフスタイルが保育所児の睡眠習慣に及ぼす影響」『静岡大学教育実践総
　　合センター紀要』，25，2016，145-151.

ベネッセ教育総合研究所，「第5回幼児の生活アンケート報告書」2016.
　　berd.benesse.jp/up_images/research/YOJI_all_P01_65.pdf（2017年8月21日取得）

ブロンフェンブレンナー，U.，磯貝芳郎・福富護訳『人間発達の生態学』川島書店，1979＝
　　1996.

ボウルビィ，J.，黒田実郎・岡田洋子・吉田恒子訳『母子関係の理論Ⅱ　分離不安』岩崎学術
　　出版社，1973＝1977.

谷田貝公昭監修『6歳までのしつけと子どもの自立』合同出版，2002.

ルイス，M.，「子どもと家族―ソーシャル・ネットワーク・モデル―」ルイス，M.・高橋惠子
　　編『愛着からソーシャル・ネットワークへ』新曜社，2005＝2007，7-38.

第2章 子どもが直面している問題

1. 「子ども」とは誰か

(1)「子ども期」の出現
1) あいまいな「子ども」の定義

　「子ども」とは誰かを考えたとき，幼稚園や保育園の幼い子どもを思い浮かべる人もいれば，自分の子どもを思い浮かべる人もいるだろう。親にとってみれば，いくつになっても自分の子どもは子どもである。このように，日常的に使用している言葉ではあるが，一義的に「子ども」を定義するのは難しい。

　では法律上「子ども」はどのように定められているだろうか。1876年（明治9年）以来20歳と定められていた「民法」上の成年年齢が2022年から18歳に引き下げられたのは記憶に新しい。「公職選挙法」もすでに18歳に引き下げられている。しかし「少年法」では少年として20歳未満の者をさしている。また飲酒や喫煙に関しては20歳未満の者は禁止されているなど，それぞれの法令や条約によって，使用用語や年齢区分，権利・禁止事項はまちまちである。

　内閣府が1956年より発行してきた『青少年白書』では，「青少年」という用語は「子どもと若者の総称（0歳からおおむね30歳未満までの者）」といった具合に幅をもって使用されてきた。その後『子ども・若者白書（現在は「子供・若者白書」）』と名称を変え，はじめて「子ども」という用語が使われるようになった。この中で，子どもは「乳幼児期，学童期及び思春期（中学生からおおむね18歳まで）の者」，若者は「思春期，青年期（おおむね18歳からおおむね30歳未満まで）の者。施策によってはポスト青年期の者も対象とする」と表記されている。そこで本章では，学童期，思春期にあたる「子ども」を中心に取り上げていく。

2) 子ども観の変化

　このように，「子ども」とはかなりあいまいな存在であるが，そもそも歴史的に「子ども」はどのように取り扱われてきたのだろうか。

　フランスの歴史学者アリエス（Ariès, P.）は「中世の社会では，子ども期と

いう観念は存在していなかった」と述べる。それは，子どもたちが無視され，見捨てられ，軽蔑されていたわけではなく，子どもに対する特別な配慮や心づかいといった意識が存在していなかったことを示している。しかし，近代社会において「小さな不完全な大人」としてみなされてきた子どもが，特別な配慮を必要とする存在へと変わってくる。乳児でもない大人でもない，いわゆる「子ども期」の出現である。こうして「家族は沈黙することをやめ」，「子どもは日常生活に欠かせない要素となり，人々はその教育や就職，将来を思いわずらう」ようになったのである。

　この「子ども期の発見」は，二つの要素を含有している。一つは，近代社会において，子どもが大人とは区別された存在であり，特別な教育的配慮や気づかいを必要とする存在とみなされるようになってきたこと，二つ目は，子どもに対して配慮や気づかいすべき主体が必要となり，その主体として家族と学校が位置づけられるようになったことである。

　日本社会では，大正期に新中間層において「教育する家族」が成立したといわれている。性別役割分業，良妻賢母主義を背景に，親が子どもの教育責任を負うものとされ，特に，母親が直接，子どもの育児・教育に携わるようになるという「子ども中心主義」の近代家族が大衆化した。そしてこのような近代家族のあり方は，戦後の高度経済成長期において一般化していった。

> **近代家族**
> 　近代社会において誕生した家族。公的領域との区分が明確になる中で「男は仕事，女は家事・育児」という性別役割分業，子ども中心主義，家族構成員間の強い情緒的絆などの特徴を有する。日本では明治期以降，特に大正期において，都市部の中産階級を中心に近代家族が出現したといわれている。その後，敗戦後の新憲法，民法改正などの制度改革（婚姻の自由化，夫婦単位の戸籍，戸主の権限の撤廃等）を経て，1960年代高度経済成長期に具現化，一般化した。

（2）子どもに対する配慮の登場

　私たちにとってなじみ深い「配慮すべき，守るべき対象としての子ども」という子ども観が一般化する中で，日本社会においてどのような配慮が見出されるだろうか。手はじめに，子どもにかかわる法制度の整備状況をみてみよう。

1）子どもにかかわる法制度の整備

　子どもの健全育成は，現代の日本社会にとって重要な政策課題となってい

る。特に，いじめ，不登校，貧困，児童虐待をはじめ，若年無業者，ヤングケアラーの問題，情報化の進展による有害情報や犯罪の増加，児童売春・児童ポルノ等の性被害，薬物乱用や薬物依存など，子どもたちの日常生活に生起している深刻な問題状況を背景にさまざまな施策が講じられている。

2010年の「子ども・若者育成支援推進法」施行に伴い，子ども施策に関する大綱の策定・改定が行われてきた。一方子どもの置かれている状況を鑑み，子どもの権利を包括的に守り，子ども施策を総合的に推進する目的で2022年に「こども基本法」が制定された。これは，日本国憲法および児童の権利に関する条約の精神にのっとり，差別の禁止，生命生存および発達に対する権利，子どもの意見の尊重，最善の利益等についての基本理念を定めたものである。

2）子育て主体としての家庭・学校

ではこれらの施策の推進に向けて，その実施にかかわる主体は誰だろうか。

2021年に閣議決定された「こども施策の新たな推進体制に関する基本方針」によると，子どもの最善の利益を第一に考え，誰一人として取り残さず健やかな成長を社会全体で後押しすること，これまで内閣府や厚生労働省等に分散していた子ども政策の司令塔機能を一元化するために，「こども家庭庁」が創設されることになった。その一方で，こども基本法において「こどもの養育については，家庭を基本として行われ，父母その他の保護者が第一義的責任を有する」とされ，家庭が子どもの子育て・教育の第一義的な責任主体として位置づけられている点にも注意したい。

3）「教育・保護される子ども」から「生活主体としての子ども」へ

以上のように，子どもは教育され，保護される対象としてみなされ，多方面にわたって目配りされている状況が見出される。確かに，これまでに発行されているおもな家族関係学のテキストをみても，「子どもの社会化」といったタイトルに示されているように，子どもは大人によってしつけられ，教育される，社会化の対象として取り上げられることが多かった。

本章では，その見方を若干変更し，子どもを自分の人生を生きる生活主体と位置づけ，現状に焦点を当てる。今の子どもがどのような生活を送っているのか，どのような問題を抱えているのか，子どもをめぐる諸問題を概観する。

2. 子どもをめぐる諸問題

　まず，各種統計資料等を用いて，現代の子どもたちの状況を把握しておく。

（1）「少年犯罪」の動向
1）刑法犯件数

　刑法犯少年の検挙人数をみてみると，2021年の総数は14,818人（14～19歳人口1,000人当たり2.2人）で，2005年以降，刑法犯少年の検挙人員，触法少年およびぐ犯少年の補導人員のいずれについても，減少傾向にある。少なくとも，いまの子どもたちは凶悪化しているわけでも，少年犯罪が増えているわけでもない。なお，刑法犯少年を年齢別にみると，16歳が最も多く，ついで17歳，18歳の順となっており，以前に比べると中学生期少年の割合が減ってきている。触法少年を年齢別にみると，13歳が最も多いものの，その割合は減少傾向にあり，逆に8～10歳の割合が，近年上昇傾向にあり，注意が必要である（内閣府『子供・若者白書』2022）。

> **触法少年・ぐ犯少年**
> 　触法少年とは，14歳未満の刑罰法令に触れる行為をした少年，ぐ犯少年とは，性格・行状等から判断して将来罪を犯し，または，刑罰法令に触れる行為をするおそれのある20歳未満の者。

2）校内暴力・家庭内暴力件数

　では，学校や家庭における子どもの問題行動も減っているのだろうか。

　2020年度中に児童生徒が起こした暴力行為（対教師暴力，生徒間暴力，対人暴力，器物損壊）の発生状況をみてみると，小学校では41,056件，中学校では21,293件，高校では3,852件と，小学校での発生件数が最も多くなっている。現行の調査方法に変わった2006年度以降，中学校における発生件数が急増して以来，毎年約3万件以上と高水準が続いていたが，近年，中学校および高校では緩やかに発生件数が減少している。逆に小学校では2006年に約4千件台であった発生件数が，2020年には約10倍の4万件へと急増している。

　2020年度中に警察が取り扱った校内暴力事件の検挙・補導人員は549人で，そのうち，約6割を中学生が占めている。一方，2006年には約2％未満だった

小学生の検挙人員の割合が近年増加傾向にあり，2020年では21.5％と約2割を占めるようになってきている。

　家庭内暴力について警察の認知件数は，2020年では4,177件となっており，2009年以降，増加傾向にある。学校種別にみると中学生が42.3％と最も多いものの，2006年には約0.5％程度であった小学生の割合が2020年には20.1％と約2割を占めるようになってきている（内閣府『子供・若者白書』警察庁「少年の補導及び保護の概況」2022）。

3）少年犯罪の特徴

　警察における刑法犯少年，触法少年，ぐ犯少年の検挙・補導人数はここ10年いずれも減少傾向にある。しかし校内暴力や家庭内暴力といった問題行動は依然として大きな課題となっている。さらに，小学生の問題行動が近年急増している点には注意が必要だろう。

　もう少し長いスパンでみてみると，子どもの犯罪が低年齢化しているといった言説は根強いものの，少なくとも凶悪犯罪を起こすような子どもたちは減少傾向にある。しかし，校内暴力・家庭内暴力の事件数は，1980年代後半から1990年代前半にかけて一時沈静化していたが，1995年頃から再び増加に転じはじめた。ここ数年，校内暴力件数は減少しているものの，家庭内暴力件数は増加の一途をたどっている（図2-1）。子どもたちの暴力行為は，対社会というよりも，対親・教師など身近な生活圏内で発生している様子がうかがえる。小学生の増加という傾向も含めて，今後の動きに注視する必要があるだろう。

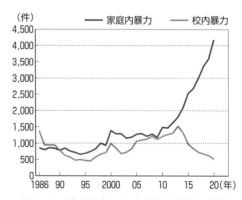

図2-1　校内暴力・家庭内暴力件数の推移

出典）警察庁『警察白書』『少年の補導及び保護の概況』各年版より作成

（2）不登校・いじめ等の実態

1）不登校児数の推移

　不登校児数は，1990年代に中学校で急増，2000年代は小学校・中学校で微

減増を繰り返していたが，2013年以降小学校・中学校で増加，高校では微減傾向にある。2020年度の不登校児数は，小学校63,350人（全児童の1.0％），中学校132,777人（同4.1％），高校43,051人（同1.4％）である。不登校の主たる要因について，「無気力・不安」が最も多く，「生活リズムの乱れ」「いじめを除く友人関係をめぐる問題」「親子の関わり方」「学業不振」と続く。本人に係る要因の他，学校や家庭に係る要因など多岐にわたる困難を抱えている子どもが多く存在していること，長期化によるひきこもりが懸念されることから，当事者を孤立させない支援が必要である（文部科学省「児童生徒の問題行動・不登校等生徒指導上の諸課題に関する調査」（以下「問題行動調査」と表記），2021）。

2）いじめ件数の推移

　2006年以降いじめの認知件数は微減傾向にあった。しかし，2011年に起こったいじめを苦にしての自殺が社会問題化するなかで，「いじめ防止対策推進法」（2013）の制定や「いじめの防止等のための基本的な方針」の策定・改定が行われている。文部科学省は，学校や教育委員会に対して，いじめを許さない学校づくり，いじめが生じた際には問題を隠さず学校や教育委員会，家庭や地域などが連携して対処していくことを求めてきた。2020年度のいじめ認知件数は，小学校で420,897件，中学校で80,877件，高等学校で13,126件と，いじめを初期段階から積極的に認知するようになってきたことも背景にあるが，依然として高い水準のままである。とくに2012年以降，小学校における認知件数が急増している点には注意が必要である（文部科学省「問題行動調査」2021）。

　いじめは誰にでも，どこの学校でも起こりうるという認識を持ち，いじめの早期発見・早期対応を図ること，そのために，定期的に児童生徒から直接状況を聞く機会をもつこと，特定の教員が抱え込むのではなく，学校全体での組織的な対応や教職員が共通理解をもつこと，家庭や地域との連携，教育委員会や警察との協力等を図ることなどが求められる。何よりも，いじめは「人権侵犯」であるという意識を，社会全体で共有する必要があるだろう。

> **いじめ**
> いじめの定義は「当該児童生徒が，一定の人間関係のある者から，心理的，物理的な攻撃を受けたことにより，精神的な苦痛を感じているもの」であり，いじめられた児童生徒の立場に立って，いじめかどうかを判断するものに，2006年から変更になった。

3）支援を必要とする子どもたち

　障害のある児童に対しては，特別支援学校や小学校・中学校の特別支援学級や通級による指導などで対応している。2019年度に特別支援学校で教育を受けている児童生徒数は144,823人，特別支援学級は302,473人，通級が134,185人となっており，同じ年齢段階にある児童生徒全体の5.0％に相当する。児童生徒数は減少しているのに対して，特別支援を必要とする児童生徒の実数・割合ともに増加傾向にある。

　文部科学省が2012年に行った調査によると，通常学級に在籍する児童生徒のうち6.5％程度が知的発達に遅れはないものの，学習面・行動面で困難を有している結果となった。文部科学省では引き続き実態調査を実施するとともに，支援の在り方について検討を重ねている（文部科学省「通常の学級に在籍する特別な教育的支援を必要とする児童生徒に関する調査有識者会議資料」2021）。

> **通級**
> 比較的障害の軽い子どもがほとんどの授業を通常学級で受けながら，障害の状態に応じた特別の指導を，特別の場で受ける指導形態。言語障害，情緒障害，学習障害，注意欠陥多動障害，弱視，難聴等の児童生徒が対象である。2018年度から高等学校において，通級指導が制度化された。

（3）虐待・貧困問題

1）児童虐待件数の推移

　児童相談所における児童虐待の相談対応件数は，統計が取られるようになって以降，増加の一途をたどっている。2020年度中の相談対応件数は205,044件であった。「児童虐待の防止等に関する法律（児童虐待防止法）」施行前の1999年度中の相談件数が11,631件だったことから，この20年の間に約20倍に激増していることがわかる（内閣府『子供・若者白書』2022）。

　相談種別の対応件数をみてみると，心理的虐待が59.2％と最も多く，ついで身体的虐待が24.4％，ネグレクト（保護怠慢・拒否）が15.3％，性的虐待が1.1％となっている。以前は身体的虐待が多かったが，近年は心理的虐待が半数以上を占めている。主たる虐待者は，実母が47.7％，実父が41.3％で，虐待を受けている子どもの9割近くが実親から虐待を受けている（図2-2）。なお，実父による虐待の割合が緩やかな上昇傾向を示している点に注意が必要であろう。

　虐待を受けている児童の年齢別件数についてみてみると，0〜2歳が19.3％，

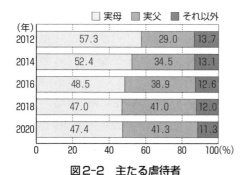

図2-2　主たる虐待者
出典）内閣府『子供・若者白書』2022

3 ～ 5 歳が19.5％，6 ～ 8 歳が18％となっており，早期から虐待が行われている様子がうかがえる（厚生労働省「福祉行政報告例」2020）。

2）子どもの貧困率

子どもが育つ家庭の貧困問題が顕在化し，深刻な社会問題としてクローズアップされてきている。子どもの相対的貧困率について「国民生活基礎調査」（厚生労働省，2020）をみてみると，1990年半ば頃から緩やかな上昇傾向にあったが，2019年には13.5％となり，2012年の16.3％と比較すると－2.8ポイントと，若干の回復傾向がみられる。とはいえ，ひとり親世帯の貧困率は48.1％と依然として高い水準のままであり，ひとり親家庭で育つ子どもの貧困問題に対する施策が急務であろう。

日本では，高度経済成長以来，長い間「貧困」について語られることはなかった。「1億総中流意識」といった言葉に表されるように，中流意識が蔓延しており，貧困の存在に目を向けてこなかった。近年，給食費や保育料の滞納といった問題が表面化する中で，貧困問題が現実社会の課題としてあぶりだされてきたのである。そして，大人の所得格差はそのまま子どもの教育機会の格差にもつながることや，家庭の経済状況が子どもの学力に影響していることが明らかになってきている。

相対的貧困率
等価可処分所得（世帯の可処分所得を世帯人員の平方根で割って調整した所得）の中央値の半分に満たない世帯員の割合を算出したもの。

3. 今の子どもの「生きづらさ」

これまで子どものおかれている状況や現状についてみてきたが，ここからは，子どもが生活する主な場面として家庭と学校を，さらに子どもの自分に対する自己評価を取り上げ，子どもの「生きづらさ」の実態を概観する。

（1）学校生活に困難を抱える子どもたち

1）子どもの学力低下問題

　日本の子どもの学力について，OECDが実施している国際的な「生徒の学習到達度調査」を参考にし，2000年（第1回）と2018年（第7回）を比較すると，読解力は8位から11位に後退したものの，数学的リテラシーは1位を，科学的リテラシーは2位を維持している。2000年以降の日本の順位および得点の推移をみても，日本の子どもの学力が世界的にみて劣っているとは言い難い。

　しかし，内閣府が行った「親と子の生活意識に関する調査」（2011，以下「内閣府親子調査」と表記）を参考に勉強の理解度をみてみると，学校の授業をどの程度理解しているかをたずねた項目について，「理解している」19.7%，「だいたい理解している」57.2%，「あまり理解していない」19.4%，「理解していない」3.1%で，2割強の子どもが学校の勉強を理解できないと回答している。学校の勉強についていけないと感じている子どもたちを支える仕組みをつくっていく必要があるだろう。

2）情報社会がもたらす影響

　次に取り上げるのは情報化の進展による子どもへの影響についてである。実際の利用状況について「青少年のインターネット利用環境実態調査」（内閣府，2022）の調査結果を参照すると，インターネット利用率は小学生96.0%，中学生98.2%，高校生で99.2%となっている。GIGAスクール構想のもと，1人1台端末の環境整備が進められ，いまの子どもたちの生活にとってインターネットは欠かせないものとなっている。

　なお，インターネットの平均利用時間も年々長くなってきており，2009年の平均利用時間が77.5分であったのに対して，2021年では263.5分と激増している。3時間以上利用者の割合を学校種別にみると，小学生では51.9%，中学生では67.1%，高校生では77.5%となっており，学年が上がるにつれて長くなる傾向にある。性別にみると，いずれの年代でも男子のほうが女子よりも利用時間が長い。しかし，インターネットの利用内容に違いがあり，男子ではゲームの利用が多く，女子ではコミュニケーション，音楽視聴の利用が多いという特徴がみられる。

　インターネットの普及によって，長時間利用による生活リズムの乱れや，依

存症，有害サイトの利用に起因する犯罪や被害なども深刻な問題となっている。近年は，「出会い系サイト」に起因した18歳未満の児童被害は減少傾向にあるが，SNSなどの「コミュニティサイト」を利用中に犯罪被害にあった児童の被害者数は年々増加傾向にあり，2021年には1,812人が被害にあっている。とくに，コミュニティサイトに起因する被害では15歳未満の児童が約半数と，より低年齢の被害者が多くなっており，インターネットの利用が犯罪被害の温床になっている。それ以外にも，"LINE外し"や"学校裏サイト"での悪口など，インターネット利用にかかわるトラブルが増加しており，情報ツールが子どもたちの生活に必須のものになると同時に，その利用をめぐって，生活の安寧を脅かすストレス因子となっている点は無視できない。メディア・リテラシーを身につけるためにも情報モラル教育の充実が求められる。

メディア・リテラシー
メディアからの情報を合理的に選択し，批判的に読み取り，収集する能力であり，総合的に判断する能力である。

3）友だちに気をつかう子どもたち

子どもたちの悩みに友人とのかかわり方に関するものがある。例えば，友だちからのメールには即レス（受信後即座に返信すること）しなければならない苦労や配慮なども指摘されているように，今の子どもたちに特有の人間関係の特徴が見出される。

「中学生・高校生の生活と意識調査」（NHK，2013，以下「NHK調査」と表記）を参考に，友だちとの付き合い方について，「自己主張型（他人がどういおうと，自分がこうと思ったことは主張する）」と，「協調型（無理に自分の考えをおし進めないで，多くの人の意見に合わせる）」の割合をみると，中学生では協調型61％，自己主張型34％，高校生では協調型63％，自己主張型34％と，いずれも協調型が多い。

また前述の「内閣府親子調査」では，子どもたちが友人関係を面倒に感じている実態が明らかにされている。特に「面倒に感じたことがある」と回答した割合が，男子では36.1％であるのに対し，女子では53.3％と17ポイント以上の開きがあり，女子のほうが友人との付き合い方に不自由を感じているようである。今の子どもたちが，学校生活において，他者の視線を気にしながら，友人関係に不自由を感じたり，気をつかいながら生活している様子がうかがえる。

　今の子どもたちには，他人を傷つけたり，傷ついたりしたくないという「優しさ」の配慮があることが指摘されている。それは「細心の注意を払いながら，対立の要素を徹底的に排除しようとし，高度な気づかいを伴った人間関係を営む」ような「優しさ」であり，緊張に満ちた優しさのうえに成り立っているという脆弱性を有しているといえるだろう。

（2）家庭生活に困難を抱える子どもたち

1）経済格差と教育格差

　学校の成績と子どもが育つ家庭の貧困問題との関連について，前述の「内閣府親子調査」によれば，学校の成績が「上の方」と回答した子どもの割合は，相対的貧困層では19.6％であるのに対して，相対的貧困層でない層は38.5％と，両者の間には大きな開きがある。同じく学校の授業の理解についても，「理解している」と回答した割合は，相対的貧困層では64.7％であるのに対して，相対的貧困層ではない層は79.2％と，15ポイント近くの差がみられる。

　このように，子どもが育つ家庭の階層による学力差が拡大していること，家庭の文化的環境が悪いほど学業不振になるなど，子どもが育つ家庭の経済資本や文化資本などの環境が，子どもの学力に大きな影響を及ぼしていることが明らかにされてきている。生まれ育った環境によって，その子どもが受けることのできる教育に差ができる「教育格差」の問題が顕在化しているといえよう。出身家庭の社会経済格差は教育格差につながり，ひいては，本人の地位達成機会（チャンス）を狭めるとともに，家族形成を通して次代へと再生産される可能性も否定できない。

> **文化資本**
> 　ブルデュー（Bourdieu, P.）が提示した概念。趣味や振る舞い，知識や技能，教養，学歴や資格などの文化が，家庭環境を通じて親から子へと伝達される。その文化伝達の不均等が蓄積され，社会的地位達成等の不平等につながるという考え方である。

2）良好な親子関係の陥穽

　次に，今の子どもの親子関係の特徴をあげておきたい。先にみたように，家庭内暴力もある一定程度発生しているものの，親子関係の良否を問う各種の調査結果をみると，親との関係について肯定的に評価している子どもが多く，全体的に親との関係はうまくいっているようである。

　しかし，親子関係の良好化と並行する形で，子どもの自立にかかわる第二次反抗期という時期が消えていることも指摘されている。反抗期は子どもが親から自立する一つの過程であり，自分なりの価値観を形成する大切な時期である。その反抗期がなくなりつつあることによって，子どもは親からどう自立するのか，どのように親の価値観から抜け出し，自分なりの価値観をつくっていくことができるのかが大きな課題であるといえる。

　さらに親との関係は良好ではあるものの，親に気をつかう子どもの存在にも触れておきたい。一例ではあるが，筆者が中学生に行った調査では，困ったことがあったときに親に相談できるかどうかをたずねたところ，約半数の子どもが相談できないと回答していた。同時に，自分のことで親をがっかりさせたくないかどうかについても，約半数の子どもががっかりさせたくないと回答していた（山下，2012）。日常的な会話はできても，困っていることを相談できなかったり，親を失望させたくないなど，親に気をつかっている様子がうかがえる。「いじめられていることを，親にはいえない」といった子どもの声からも十分推察可能だと思われる。

　となると，一面，良好な親子関係はよい傾向にも思えるが，反面，反抗期の消滅による自立機会の喪失，親との良好な関係維持のために払われる多大な気づかいなど，良好な親子関係に潜む陥穽にも注意を払う必要があるだろう。

（3）日常生活に困難を抱える子どもたち
1）限定される子どもにとっての「重要な他者」

　それでは，困ったことや悩みごとがあったとき，子どもたちは誰に相談しているだろうか。前項でもふれた「NHK調査」によると，中高生の多くが「友だち」または「お母さん」と回答しているが，学年が上がるにつれて「友だち」と回答する割合が高い傾向にある。

　しかし，年ごとの変化をみてみると，中学生の場合，「友だち」の割合が減少し，「お母さん」の割合が上昇している（図2-3）。こうした変化は高校生でも同様にみられ，子どもたちの悩みごとの相談相手として，母親が選ばれる傾向がみられる。

　近年，親の側も「やさしく，ものわかりのよい」親が一般化している。「友

達親子」といった言葉もあるように，子どもを支配して嫌われるよりも，子どもと親密な関係を保つほうが重要だと考える親が増えてきた。こうした中で，親と子どもの関係は親密さを増していき，子どもにとっての「重要な他者」は親に限定されるようになっていく。だからこそ，自分を裏切らないであろう親との関係に依存する傾向が強くなっているといえるかもしれない。

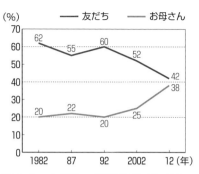

図2-3　中学生の相談相手（友だち・お母さんの割合）

出典）NHK放送文化研究所編『放送研究と調査』NHK出版，2013年1月号，p.31

　実際，親や友人以外に相談できるような大人がいるかどうかについて尋ねた「内閣府親子調査」では，「信頼できる人」がいると答えたのは49.4％，「気軽に相談できる人」がいると答えたのは39.4％と，半数以下であった。

　しかし先にも示したように，親と子だけで完結するような関係は，非常にリスクが高い。一見良好にみえる親子関係に，自立阻害の可能性や親に対する気づかいが必要であること，親との間に些細なこじれが生じたときに，ほかに助けを求める相手がいないこと，といった問題が伏在しているからである。

2）低い自己評価と高い幸福感との奇妙な関係

　最後に，子どもの自分自身に対する評価の特徴をみておきたい。近年，日本の子どもたちの自己肯定感の低さが指摘されることが多い。一方で，幸福感や満足感が高いという指摘もある。

　内閣府「子供・若者の意識に関する調査」（2019）によれば，「自分自身に満足している」かどうかについて，肯定派が40.8％，否定派が59.2％と，否定派のほうが多くなっている。

　一方，厚生労働省が5年ごとに実施している「全国家庭児童調査」（2014）の幸せ感に関する項目の調査結果をみてみると，小学生では87.3％が，中学生では81.3％が幸せだと思うと回答している。経年変化をみると，その割合は増加しており，子どもたちの幸福感の高まりがみられる。

　自己評価が低いのに幸福感は高いという，この奇妙な状況をどのように解釈

すればよいだろうか。さまざまな解釈が成り立つと思われるが，ここでは，将来への展望の有無との関連において，一つの手がかりを提示しておきたい。

「NHK調査」の幸福感項目の結果をみると，他の調査と同様に，中学生の幸福感は非常に高く，9割以上の子どもが幸せだと回答している。しかし「早く大人になりたいか」という問いに対して，「そう思う」の割合が39.1％であるのに対し，「そうは思わない」が51.9％と半数を占めている。さらに，大人になりたくない理由をみてみると，「子どもでいるほうが楽だから」が33.8％，「大人になることがなんとなく不安だから」が24.0％となっている。

つまり，ここにあらわれている幸福感の高さは，今の生活に対してであり，少なくとも当該個人の将来を見越した人生行路に対する満足感を示してはいない。だからこそ，将来を生き抜かなければならない自分には自信がもてないでいるといえる。将来（大人になること）に意味を見出せないような状況は，今後を生きる子どもにとって，潜在化した「生きづらさ」を抱えているとみなすことができるだろう。

4. 子どものエンパワメントを高める

（1）サポート・ネットワークの必要性

1）学校の学習支援

1990年代の「家庭の教育力の低下」といった言説などに後押しされるような形で，文部科学省は「家庭教育の重視」策を推進していった。家族は教育する責任主体としての使命を受け，「教育する親」へと追い立てられることになった。しかし，子どもの教育に励む親とそうでない親の二極化を招き，教育格差がますます拡大していく結果を生み出している。

各種の調査からも明らかにされているように，通塾などの学校外学習が子どもたちの学力を規定している状況は，子どもの学業成績に対して家族が責任を負っていることにほかならない。学習塾などの学校外学習を利用しなくとも，学校の勉強が理解できるような環境の整備が求められており，社会全体の教育機能の中で，学校が負う部分を明確にし，子どもの学力向上に対する学校の体制を整えることが必要である。

2）ソーシャル・ボンド（社会的なつながり）の修復

　いじめを受けても誰にも相談できない子ども，学習困難にありながら放置される子ども，虐待されて家庭に居場所のない子ども，犯罪や非行歴によって社会からはじき出される子どもなど，家族，学校，社会のネットワークから切り離され，孤立していく可能性のある子どもは数多い。これらの子どもたちを包摂するようなソーシャル・ボンドを修復していくことが求められている。子どもの抱えている問題を誰かに相談できるようなシステムや，セーフティネットづくりが現代社会の課題であろう。

　確かに，子どもが育つ家庭環境は重要である。しかし，貧困問題は社会問題であること，家族を孤立させないこと，子どもの問題の責めを家庭や学校だけに帰さないことなどの共通認識をもつことにより，責任の押しつけ合いではなく，連携による新たなセーフティネットづくりを社会全体で推進させなければならない。

（2）子どもの人権とエンパワメント

　最後に，子どもの人権について触れておきたい。「児童の権利に関する条約」は子どもの権利を規定すると同時に，子どもの人権の尊重および確保に関して規定している。「いじめや虐待は人権侵害である」といった人権教育も必要であると同時に，一人ひとりが自分の人生を生ききる独立した生活主体であるという意識の涵養も大切である。

　いつまでも保護され，守られつづける存在ではなく，自立し，社会の構成員のメンバーとして社会に参画していく存在であることを，子ども自身が自覚しなければならない。現代社会においては，とりわけ親が子どもの養育や教育に責任を負う主体であるという位置づけがなされている。であるがゆえに，家族の経済状況が子どもの学力に強い影響を及ぼしていたり，家族からはじき出された子どもが行き場を失うような事態が出現したりすることになる。子どもにとって家族の存在は大きな意味をもっている。したがって，子育て中にある家族の支援も必須であるが，社会全体で子どもを支える体制づくりが必要であろう。それと同時に，子ども自身が本来もっている内なる力を引き出し，ありのままの自分を受け入れ，自分も他者も大切に生きるといった子どものエンパワ

メントを引き出すことや，意識をもたせることも重要である。

　繰り返しになるが，子どもは自分の人生における生活主体であり，自ら伸び
ていく能動的な生活主体であること，社会を構成するメンバーの一員であるこ
と，自分を大切にするのと同じように他者の人権を尊重することなどを自覚さ
せるような働きかけが必要であり，子どもたちのエンパワメントを高めること
が，今まさに求められているといえよう。

■学習課題

　1．子どもが，社会の構成員のひとりであることを実感するためには，どの
　　ような取り組みが有効だと思うかを考えてみよう。
　2．子どもの人権侵害の実態について，諸外国の事例を調べてみよう。

【引用・参考文献】

NHK放送文化研究所編『放送研究と調査』NHK出版，2013年1月号.

阿部彩『子どもの貧困―日本の不公平を考える―』岩波書店，2008.

アリエス, P., 杉山光信・杉山恵美子訳『〈子供〉の誕生―アンシャン・レジーム期の子供と家族生活―』みすず書房，1960＝1980.

落合恵美子『近代家族とフェミニズム』勁草書房，1989.

苅谷剛彦・志水宏吉編『学力の社会学―調査が示す学力の変化と学習の課題―』岩波書店，2004.

神原文子，「家族と教育」岩井八郎・近藤博之編『現代教育社会学』有斐閣，2010, 115-133.

沢山美果子，「教育家族の成立」第1巻編集委員会編『叢書　産む・育てる・教える―匿名の教育史1　〈教育〉―誕生と終焉』藤原書店，1990, 108-131.

土井隆義『友だち地獄―「空気を読む」世代のサバイバル―』筑摩書房，2008.

深谷昌志，ベネッセ教育総合研究所『モノグラフ　中学生の世界―中学生にとっての家族：依存と自立の間で』ベネッセコーポレーション，2004.

森田洋司『いじめとは何か―教室の問題，社会の問題―』中央公論新社，2010.

山下美紀『子どもの「生きづらさ」―子ども主体の生活システム論的アプローチ―』学文社，2012.

山田昌弘監修，『季刊　子ども学　特集　友達親子』ベネッセコーポレーション，Vol.14, 1997.

第3章 青年期の自立と親子関係

1. 青年期の特徴と課題

（1）青年期とは

1）青年期の特徴

　青年期は，子どもから大人への過渡期であり，親から精神的に自立し，自分自身の人生を歩み始め，大人社会へと参入するための準備期間である。自分の生涯にわたっての生活設計を考えるようになり，「自分とは何者であるのか」「これからどのように生きていくのか」という問いに直面し，答えを模索する。

　レヴィン（Lewin, K., 1939＝1956）は，子どもともみなされず，一人前の大人ともみなされない青年期の青年を称して，両集団の境に位置する境界人（marginal man）と呼んだ。心理社会的観点から，生涯にわたる自我の形成過程を漸成発達図式として示したエリクソン（Erikson, E.H., 1950＝1977）は，青年期を，心理社会的モラトリアムと位置づけている。

　このような心理社会的特徴の基礎となるのが身体的成熟である。思春期の第二次性徴に伴う急激な発達的変化や性的成熟によって，これまでの親との情緒的な絆や依存から脱し，同年代の男女と新しい成熟した関係を取り結ぶようになる。このような親との情緒的関係や依存関係からの脱却を心理的離乳という。親からの心理的離乳を果たすことによって，これまでの自分を解体し，新しい自己を築こうと試みることができるのである。

　職業に対する関心が高まるのも青年期の特徴である。「どのように生きていくのか」という問いには，具体的に何をして生計を立てるのかということも含まれる。青年期に，将来の職業選択を視野に入れて，自分自身の適性や能力と向き合い，就労意識を形成する。そして学校から職業へと移行することによって，経済的自立を含め，社会的にも自立した大人になっていくのである。

2）青年期の課題

a．エリクソンの発達課題　　青年期に，親からの精神的自立を果たすうえ

で重要になるのが，エリクソンの提唱したアイデンティティ（自我同一性）という概念である。彼は人生を8段階に分け，各段階の発達の主題を示し，青年期の主題を「アイデンティティ　対　アイデンティティの拡散」とした。

　アイデンティティとは，「自分は他者とは異なり，唯一の存在であるという自覚」（斉一性）と「自分に対する一貫した認識をもてる感覚」（連続性）のことであり，このような自己に対する認識が他者の評価とも合致する，そのような合致に対する「自信」の感覚のことである。

　青年期には，親から独立した個体として，「自分とは何者であるのか」「どのように生きていくのか」という問いに直面する。この問いに対する答えをみつけようともがき，自分なりの答えを見出すことで，アイデンティティを確立していく。しかし，その過程において，多くの青年たちは，自分自身や人生の目的に対する確信のなさに苦しむ。エリクソンはこの状態をアイデンティティの拡散と呼んでいる。アイデンティティの拡散は危機として示されているが，人間の発達にとって，危機とは転機の特質であり，心理社会的発達は危機的段階の解決によって前進するのである。

　大人になるための一定の道筋がみえづらくなり，多様な選択肢が準備されている今日のような社会においては，アイデンティティの探求は，多くの現代人にとって，いくつになっても主要なテーマとなっている。

　生涯発達研究においても，アイデンティティは一生を通じて発達していくものとされており，青年期のアイデンティティの確立とは，自分の生き方の方向性を自覚的に選択しようとするアイデンティティの探求の始まりといえる。

　b. ハヴィガーストの発達課題　　ハヴィガースト（Havighurst, R.j., 1953＝1958）は，生涯発達の視点から青年期の発達課題を10項目あげ（表3-1），これらの発達課題の達成への成功が，次の成人期における課題の成功につながると考えた。ここであげられている発達課題は，1930年代におけるアメリカ中流階級を念頭において設定されたものであり，現代の日本社会の青年にそのまま当てはまるというわけではない。特に，性役割や結婚に関するとらえ方は大きく変容している。しかし，社会的にも心理的にも自立して，ひとりの大人として社会を担う一員になることを求めるものであり，青年期の重要な課題が「自立」であることに変わりはない。

表3-1　ハヴィガーストによる青年期の発達課題

1.　同年齢の男女との洗練された新しい交際を学ぶこと
2.　男性として，または，女性としての社会的役割を学ぶこと
3.　自分の身体の構造を理解し，身体を有効に使うこと
4.　両親や他の大人から情緒的に独立すること
5.　経済的な自立について自信をもつこと
6.　職業を選択し準備をすること
7.　結婚と家庭生活の準備をすること
8.　市民として必要な知識と態度を発達させること
9.　社会的に責任のある行動を求め，そしてそれをなしとげること
10.　行動の指針としての価値や倫理の体系を学ぶこと

出典）Havighurst, R.J., 荘司雅子訳『人間の発達課題と教育』牧出版，1953=1958より作成

（2）現代の青年期

1）青年期の誕生

　さて，このような青年期は，いつから存在したのだろうか。青年期はいつの時代にもあったわけではなく，19世紀末ごろ，社会が工業化（産業革命）を経て，近代社会へと移行する中で誕生した社会歴史的な発達概念である。青年期の誕生に重要な意味をもったのは産業革命である。産業革命に伴う社会変動は，子どもを労働の義務から解放した。子どもは，親の身分や社会的地位，財産にかかわらず，学校教育を通して将来の職業を選択し，人生を形成するようになる。将来の職業や人生を選ぶための準備期間，これが青年期である。

　中世では，今日いわれるような青年期は存在せず，子どもか大人のどちらかであり，大人になるための準備の時期は，若者期ととらえられていた。結婚とそれに伴う家長権や財産の相続により大人になったのである。中世において，大人になるということは，今ある社会体制に適応することであった。

　近代になると，大人になるとは，今ある社会の体制に順応することではなく，今ある社会を乗り越えて，新しい社会の担い手になる主体となることであるという見方が出現し，学校教育を通して，将来の職業を選択したり人生を形成したりするようになる。子どもを大人とは異なる固有の意味をもった存在ととらえ，子どもから大人になるために，自分自身の人生を自ら選ぶための探求の時期が必要となった。ここに青年期が誕生するのである。

2）延長する青年期

　青年期は大人社会に参入するための準備期間であるため，大人になる時期によって，青年期の長さも変わることになる。現在は，欧米では選挙権を与えられる18歳まで，日本の心理学研究では中学生から大学生までを青年期とすることが多いが，年齢区分は必ずしも一定ではない。

　欧米や日本のような経済先進諸国においては，産業化や高度情報化が急速に進展し，高等教育の大衆化により，高校や大学への進学率が高い水準に達し，多くの青年が労働の義務を猶予されると同時に，高い教育が受けられるようになった。こうして学校教育の期間は長期化し，青年期が延長している。現在の晩婚化・未婚化の進行もまた，青年期を長引かせる要因になっている。

　このような青年期の延長に伴い，青年期から成人期への移行をどのようにとらえるかが新たな問いとなっている。大人になるためのプロセスが，学卒後に就職し，親元を離れ，結婚するというある一定の道筋をたどる標準的人生モデルによって達成されていた社会では，青年期から成人期への移行は比較的スムーズなものであった。しかし，学卒後の就業が不安定で流動的になり，結婚もライフイベントから個人の選択となった社会では，青年期から成人期への移行のプロセスは長期化するとともに，個人化，多様化してきている。

　イギリスの社会学者ジョーンズとウォーレス（Jones, G. & Wallace, C., 1992＝1996）は，青年期から成人期への移行を理解するためには，現代社会において「大人になる」とはどういうことなのか，大人であることはどのような意味をもつのか，という問いから出発する必要があるとし，「大人とは自立したシティズンシップをもった状態である」と定義した。シティズンシップとは，近代社会におけるメンバーとしての個人の地位を表し，個人と国家の間の権利と義務に関する契約をさす。つまり，社会の一員として社会に参加することといえる。

　宮本（2004）は，長期化する親への依存という側面に着目し，青年期と成人期の間に挟まれた新しいステージを「ポスト青年期」ととらえ，日本のポスト青年期の特徴として，成人後の親との同居率の高さをあげ，これが晩婚化の進行にもつながっていることを指摘している。

　また，アメリカの心理学者アーネット（Arnett, J.J., 2000）は，このような状況を青年期の長期化としてではなく，青年期から成人期へと移行していく新し

い時期ととらえ，18歳から25歳ごろまでを「成人形成期（emerging adulthood）」と名づけた。実際に職業を試行錯誤しながら，現実的なアイデンティティの探求を行う時期と位置づけ，成人期への移行が多様化し，自分なりのライフコースを多様な選択肢の中から柔軟に選びとる可能性が高まったとしている。

このように，近年の社会変動に伴う青年期の延長は，大人になることの意味を変貌させ，人間の発達（大人になる過程）に新たなステージを出現させた。

2. 青年期の親子関係

（1）親子関係の変化

1）親子関係の発達

親子関係のあり方は，児童期から青年期にかけて大きく変容する。この時期の親子関係の変容は，子どもが親から自立していく発達的なプロセスとして生じているが，子どもだけではなく，親もまた子どもの成長に応じて，子どもに対する態度を変えていくことが求められる。つまり，青年期の親子関係の変容は，親と子の相互調整的な共変関係によるものであり，親離れ，子離れの課題として理解されなければならない。

児童期（小学生年代）までの親子関係は，情緒面でも生活面でも，親に依存した状態である。親は理想化されたモデルであると同時に権威でもあり，親によってコントロールされる度合いも大きい。青年期に入ると，親子関係は急速に変化する。親から精神的に分離しはじめ（心理的離乳），親とは違う考えや価値観をもったひとりの人間として，自分をみつめるようになる（第二の個体化過程）。親から分離し，自己をもつようなることで，親との見解の不一致や反発も生じるようになる。いわゆる第二次反抗期といわれるものである。親子関係の発達的プロセスは，このような変化を経て，青年期後期以降，新たな心理的結びつきによる，対等に近い相互依存的な関係へと変容していく（図3-1）。

2）長期化する親子関係

教育期間の延長や晩婚化・未婚化に伴って，子どもが親に依存する期間も長くなっている。日本のポスト青年期の特徴ともされる親との同居率は，アメリカに比べて高く，日本の青年の大半が親と同居している（図3-2）。

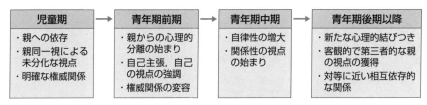

図3-1　児童期・青年期における親子関係の特徴の変化

出典）平石賢二，「児童・青年と親子関係」日本発達心理学会編『発達心理学事典』丸善出版，2013，
162-163 より

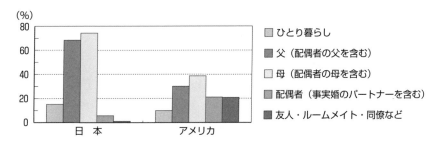

図3-2　青年（18～24歳）の同居者の日米比較

出典）内閣府「第8回世界青年意識調査」2009 より作成

　高校卒業後，18歳くらいになれば，親の家を出て寮や友人との共同生活に
入るのが一般的な欧米の大学生に対し，日本の大学生は，可能な限り実家から
通うことが一般的である。社会人になって経済的に自活できる状態であって
も，親元から会社に通うことはめずらしいことではない。子どもが18歳くら
いになれば「離家すべき」という規範が強い欧米に対し，日本では，親子が一
緒に暮らすことをよしとする意識もあり，離家意識は希薄である。

　青年期には親からの自立が重要な発達課題となるが，離家意識の希薄さや親
との同居という生活形態は，子どもが自立する契機や自立の必要性を低めてお
り，相互依存的な親子関係をさらに長期化させる要因となっている。

（2）相互依存的な親子関係

1）パラサイトという現象

山田（1999）は，学卒後もなお親と同居し，基礎的生活条件を親に依存して

いる未婚者を、「パラサイト・シングル」と名づけた。パラサイトとは「寄生」という意味であり、親を宿主として親の栄養（経済力や生活力）を吸収しているという意味が込められている。

　このようなパラサイト現象はなぜ起こるのだろうか。一つには、前述した離家規範の希薄さがあげられるだろう。社会に、いつになったら子どもは家を出るという規範がないため、会社が遠い、結婚するなど、家を出るための積極的要因がない限りは、そのまま親元に居つづけることが普通となる。

　子どもからすると、親の家に住めば、家賃や光熱費、食費もかからないため、経済的に豊かな生活を送ることが可能になる。そのうえ、食事の支度や洗濯など、身の回りの世話も親がやってくれる。親との同居が、楽で自由な生活を保障してくれるのである。このような楽で自由な生活から抜け出すことは容易ではない。

　親の側には、どのようなメリットがあるのだろうか。ここには子離れできない親の問題がある。夫婦関係よりも親子関係を優先する日本社会では、少子化傾向とも相まって、子どもが生きがいとなっている親も多い。そのような親にとって、子どもを手離すことは生きがいの喪失である。

　大人になって親から自立したいと望みながらも、いつまでも親の庇護のもとで楽な生活をしていたいと願う子どもと、子どもが大人になることを願いながらも、子どもを世間（大人社会）に出すことを心配し、いつまでも面倒をみようとする親、そのような親子関係が親からの自立を困難にしている。

　しかし、このようなパラサイト現象は、晩婚化・少子化、さらには経済不況にまで影響を与えていると指摘されている。パラサイト現象の解消には、子どもの自立を促すような親子関係の形成が重要なことはいうまでもないが、20歳代の青年が、親元から離れても自分で生活ができるような社会的条件を整えることも重要である。具体的には、安定した職業や経済的コストの低い若者向けの住宅など、自立した生活に必要な生活基盤の供給が不可欠である。

2）親離れ，子離れ

　1990年代以降に出現した「友達親子」とは、友だちのように仲がよい親子関係のことである。親子関係の中でも、母と娘の関係に対して使われることが多く、特に思春期以降の母と娘の相互依存的な親子関係をさして「一卵性母

娘」という言葉も登場した。

　「友達親子」は，わかり合える，子どもの独立心と自主性を育てる，本音で語り合えるなど，よい親子関係ととらえられる向きもある一方で，母（親）が娘（子ども）を支配する，娘（子ども）は自分の価値観がもてなくなる，自己主張・自立性が奪われるなど，そのマイナス面も指摘されている。

　カウンセラーである信田（2008）は，「友達親子」や一卵性母娘の行く末を「墓守娘」という言葉で言い当てており，成人後も母との関係に苦しむ女性たちのさまざまな事例を紹介している。いずれも一見すると仲のよい「友達親子」の事例であるが，青年期に親からの自立が果たせずに，大人になってもなお，母の人生にからめとられ，母の呪縛から逃れられずに苦しむ娘たちの姿がそこにある。母は娘のためを思って，「あなたのために」とどこまでも尽くしてくれる。そして善意の裏の巧妙な支配によって，結果的に娘の自立の芽をつみとっていく。娘はこんなにも尽くしてくれる母との関係に苦しむこと自体に罪悪感を覚え，それがまた娘を苦しめる。

　「墓守娘」という言葉には，少子化の現在，息子をもたない家庭も多く，親密な母娘関係の中で，母の死後の面倒（墓守）までもが娘に期待されている現状と，死んでもなお，母との関係は断ち切れないという悲壮なまでに強固な母娘関係の意味が込められている。

　友だちのように仲のよい親子は，一見，なんでも話せて，仲のよい理想の親子関係のようにもみえるが，友だちとは，対等な関係性においてのみ成立する関係である。親子間の支配関係や依存関係を内包しながらの見かけ上の「友達親子」は，一卵性母娘，墓守娘のように，子どもの主体性を奪い取る親子関係に陥りかねないことに留意しなければならない。

　親密な親子関係による問題は，母娘関係で顕在化しやすいが，親離れ，子離れの困難は，母娘に限ったことではない。息子の親離れに戸惑う母の声を取り上げた「息子に『失恋』母の傷心」（朝日新聞，2013.5.23）という新聞記事が反響を呼ぶなど，母−息子の親離れ，子離れもまた難しくなっている。

　親子の関係は日常の中で形成される相互的な関係であるため，一方の意志だけで関係性を変えることは容易ではない。親と子の双方がその難しさを覚悟したうえで，「自立した関係」に基づく親子関係へと関係性を変えていこうとす

る意識をもつことが，親離れ，子離れの第一歩となる。現代の青年期の親離れ，子離れの難しさは，母子密着，父親不在の親子関係の延長上に生じる問題であり，夫婦関係を含めた家族関係の再編の問題としても考える必要がある。

親と子としての関係は，成人した後も，結婚して自分が親になった後も，継続する。加齢とともに，親子間の経済力や生活力が逆転するときもやってくるだろう。いずれは親を扶養する立場にもなる。一方向的な依存関係や支配関係に基づく親子関係は，親子の力関係が逆転したときに，問題を抱えやすい。青年期に，子ども時代とは異なる，親との新たな関係性を築けるかどうかは，その後の親子関係に大きくかかわってくるのである。

3. 社会的自立に向けて

（1）学校から職業への移行

1）新規卒業者の雇用情勢

a. 若年労働市場の変化　親から自立して自分自身の人生を歩んでいくためには，精神的な自立にとどまらず，経済的自立を含めた社会的自立が不可欠である。多くの青年たちにとって，学校教育（特に高等教育）は職業生活のための準備期間であり，学校から職業への移行が，親からの自立，つまり大人への道筋として，重要な意味をもつ。

日本における若年労働市場はここ30年の間に大きな変動を経験した。1990年代初頭までは，学校を卒業すると同時に安定した雇用に移行し，失業や離職の少なさが日本の若年労働市場の特徴であった。企業と学校との強い連携が，学校から職業への移行を保障し，そこでは終身雇用と年功序列賃金制度が典型であり，新卒採用者は職場内での訓練や研修によって一人前に育てられた。

しかし，1990年代からの不景気によるいわゆる「失われた10年」に，このような日本型雇用システムは大きく変化する。日本の安定雇用を支えていた終身雇用制度が崩壊し，学校と企業との連携が低下すると同時に，若年失業者は増加していく。1990年代後半から2000年代前半にかけて，企業が新卒採用を控えたことで，就職氷河期といわれる時代が続いた。

また，日本の労働市場における1990年代からの最も重要な変化の一つが，

労働市場の二重構造の拡大といわれる，正規労働者に対する非正規労働者人口の増加である。雇用情勢の悪化によって，多くの企業が新卒者の採用を減らし，パートタイムや臨時雇用を増やす人材戦略への転換を図り，不安定で臨時的な職業に就くことが強いられることになった。

2020年における非正規雇用労働者の割合は女性54.4％，男性22.2％で，約4割が非正規雇用者である。1990年から2020年にかけて15〜24歳の若年層（在学中の者を除く）は横ばいからやや低下傾向で推移している。性別にみると，15〜24歳の女性27.4％，男性22.4％，25〜34歳では，女性34.3％，男性14.4％と，女性では年齢とともに非正規雇用の割合が高くなっている（総務省「労働力調査」）。

b.　新規卒業者の就労状況　　ここで，文部科学省の「学校基本調査」をもとに，新規卒業者の就労状況についてみてみよう。

新規学卒者の就職率は，中学校・高校卒業者でほぼ横ばい，短期大学と大学では2009年以降は緩やかな上昇傾向であったが，2021年は大幅に低下しており，2021年の新規卒業者の就職率は，中学校卒業者0.2％，高校卒業者15.7％，短大卒業者77.4％，大学卒業者74.2％となっている。

2021年3月の大学卒業者の状況は，就職した者が74.2％，進学した者が11.8％，一時的な仕事に就いた者が2.0％，進学も就職もしていない者は9.6％であった。大学卒業者全体の7割以上が就職している一方で，進学も就職もしていない者は1割弱であった。

就職率の低下，不安定就労の増加とともに問題とされているのが離職である。新規学卒者の就職後3年以内の離職率は，中学卒業者が55.5％，高校卒業者が36.9％，短大卒業者が41.4％，大学卒業者が31.2％となっており（2018年卒業者），約3割の大学卒業者が就職後3年以内に離職している（厚生労働省「新規学校卒業者の就職離職状況調査」）。

2）若者の就労意識

社会状況や雇用情勢が変化する中，若年層の就労意識にはどのような変化がみられるのだろうか。働く目的と理想的な仕事についてたずねた調査結果によると，比較が可能な2000年以降，大きな変化はみられないものの，年齢階級では大きな違いがみられる（図3-3，図3-4）。

　20歳代以下の若者の働く目的で最も多いのは「お金を得るため」であり，「生きがいをみつけるため」「自分の才能や能力を発揮するため」「社会の一員としての務めを果たすため」と続く。また理想的な仕事は，「収入が安定している」が最も多く，「自分にとって楽しい」「私生活とバランスがとれる仕事」の順となっている。

　新入社員の会社選択理由は「自分の能力・個性を生かせるから」が最も多い。経年変化では，1987年まで2番目に多かった「会社の将来性」が減少し，「仕事が面白いから」が増加していたが，2011年からは低下傾向にある（図3-5）。仕事を自己実現ととらえ，自らの能力や職種への適正に関心をもつ傾向がうかがえる。

　今日においても，収入を得るために働くという意識には変化はないものの，現代の若者にとっての仕事とは，収入や将来性という生活の安定の手段としてよりも，自己実現の手段としての意味合いが増している。そのことが，やりたい仕事がみつからないという状況や，就職活動での自分探しという状況を生み出し，青年期を延長させる一因になっているとも考えられる。

（2）若者就労の現状と課題

1）フリーターと若年無業者（ニート）

　2000年代，雇用情勢が変化する中，フリーターやニートという言葉が登場し，新たな若者の就労行動として社会的関心を集めた。学校を卒業してもきちんとした就職もせずにふらふらしている，せっかく就職したのにすぐに仕事をやめてしまうなど，若者の見通しのなさやあまさを非難する声が上がる一方で，フリーターやニートという現象は，若者個人にのみ原因を求められるものではなく，今日の産業構造や労働環境が生み出した現象にほかならないという社会的認識も広まった。

　フリーターとは「15〜34歳の男性または未婚の女性（学生を除く）で，パート・アルバイトとして働く者，またはこれを希望する者」（厚生労働省）をいう。ニートは，統計上，若年無業者として把握されており，「15〜34歳の非労働力人口のうち，家事も通学もしていない者」（厚生労働省）をいう。

　フリーター数は2003年に最多の217万人となり，2020年には136万人，15〜

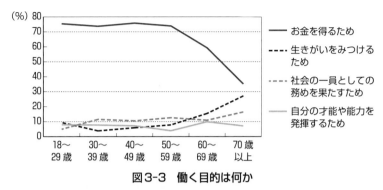

図3-3　働く目的は何か

出典）内閣府「国民生活に関する世論調査」2021より作成

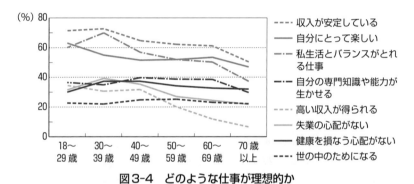

図3-4　どのような仕事が理想的か

出典）内閣府「国民生活に関する世論調査」2021より作成

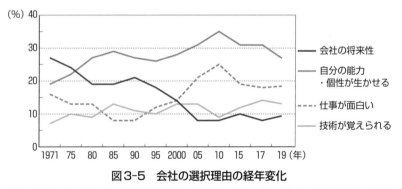

図3-5　会社の選択理由の経年変化

出典）日本生産性本部・日本経済青年協議会「新入社員「働くことの意識」調査」2019より作成

34歳人口に占める割合は5.5％となっている。若年無業者（ニート）は，2002
年に前年の49万人から64万人に大幅に増加したことで注目を集めた。2020年
には69万人，15〜34歳人口に占める割合は2.8％となっている。

　フリーターや若年無業者が増加する背景に，不況による労働需要の不足や求
人と求職のミスマッチの深刻化があげられる一方で，「やりたいこと」を重視
する就労意識が，就職の可能性をせばめていることも考えられる。仕事の中で
自分の能力が高められ，成長していくという将来のキャリア形成を意識した職
業選択意識をもつことも大切であろう。

　「非正規社（職）員の働き方の意識と実態に関する調査」（日本経営協会，
2017）によると，自ら「非正規」という雇用形態を選択した者は3割で，何ら
かの理由により非正規という働き方をしている「不本意非正規」が過半数を占
めていた。正規社員と非正規社員の間で差がある項目では，約7割が「給与や
福利厚生」に「差がある」と感じていた。また，約8割が仕事に関するキャリ
アデザインを「持っていない」，約7割が人生におけるライフプランを「持っ
ていない」と回答しており，8割以上が将来の経済的な不安を感じていた。「非
正規」という働き方が将来展望にも影響することがうかがえる。

　近年，雇用の流動化が進んでいるとはいうものの，日本社会では，教育を終
え，最初に労働市場に入ったときの条件が，その後のキャリア形成に与える影
響は大きい。青年期（学生時代）にしっかりとした職業意識，キャリアデザイ
ンをもつことが，将来的な自立につながっていくのである。

2）大人への移行を支える社会システムの構築

　ここまでみてきたように，非正規雇用率の高さ，雇用のミスマッチ，若年無
業者の増加など，学校から職業への移行が円滑に行われていない現状の中，不
安定な就労によって，若者が社会的弱者へと転落し，アンダークラス化する可
能性に対する危機感も高まっている。

　これまでの日本社会では，若年失業やフリーターは自発的な選択の結果であ
り，経済的に困れば親の世話になればよいと考えられていた。実際，親との同
居が生活保障として機能することで，若年雇用の問題を潜在化させてきたとい
える。そのため，若年労働の問題はあまり真剣には取り上げられず，若者対象
の労働対策への公的支出も低いものであった。

　しかし，フリーターやニートという現象への社会的関心の高まりによって，2000年以降，若者労働の問題は，社会の構造的変化が生み出した社会的問題ととらえられるようになり，また，若者の不安定な就労が若者の自立を妨げ，それによって晩婚化・未婚化，少子化という家族形成上の問題や，税収・社会保障費という社会経済的問題にも深くかかわってくることが明らかになるにつれ，重要な政策課題として取り組まれるようになった。

　2003年には，総合的政策として若者自立・挑戦プランが策定され，2010年には，子ども・若者育成支援推進法，2015年は，青少年の雇用の促進等に関する法律（若者雇用促進法）が施行された。若者の就労支援として，「若年者のためのワンストップサービスセンター」（ジョブカフェ）や「地域若者サポートステーション」（サポステ）などの施策が実施されている。

　学卒後の職業生活のスタート時点で，その後の人生における経済的自立や社会的自立に格差が生じるような現状は，けっして望ましい社会のあり方とはいえず，不安定就労が増加する中，それが不利にならないような社会システムの構築が模索されている。

　このような中で，学校教育におけるキャリア教育・職業教育の充実を課題として，キャリアパスポートの導入，職業体験・インターンシップの推進，ジョブカードの活用など，さまざまな取り組みも促進されている（内閣府，2022）。経済産業省は2006年に職場や地域社会で多様な人々と仕事をしていくために必要な基礎的な力を「社会人基礎力」として提唱し，大学教育を通した育成や取り組みの普及を図ってきた。2017年には，これまで以上に長くなる個人の企業・組織・社会との関わりの中で，ライフステージの各段階で活躍し続けるために求められる力を「人生100年時代の社会人基礎力」と定義し，社会人基礎力の3つの能力／12の能力要素を内容としつつ，能力を発揮するにあたって，自己を認識してリフレクション（振り返り）しながら，目的，学び，統合のバランスを図ることが，自らキャリアを切りひらいていくうえで必要と位置づけている（図3-6）。

　本章で述べてきたように，若者の生活基盤の安定や自立は，就業だけではなく，教育，労働，家族，住宅，社会保障，シティズンシップなどが相互に関連し合って図られるものである。宮本（2021）は若者が自分自身の人生を安心と

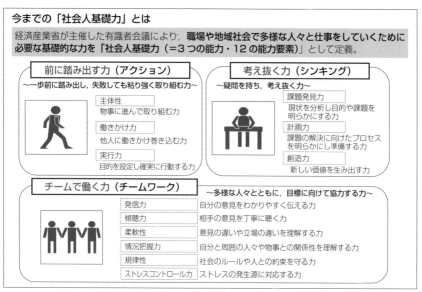

今までの「社会人基礎力」とは

経済産業省が主催した有識者会議により，職場や地域社会で多様な人々と仕事をしていくために必要な基礎的な力を「社会人基礎力（＝3つの能力・12の能力要素）」として定義。

前に踏み出す力（アクション）
〜一歩前に踏み出し，失敗しても粘り強く取り組む力〜

主体性
物事に進んで取り組む力

働きかけ力
他人に働きかけ巻き込む力

実行力
目的を設定し確実に行動する力

考え抜く力（シンキング）
〜疑問を持ち，考え抜く力〜

課題発見力
現状を分析し目的や課題を明らかにする力

計画力
課題の解決に向けたプロセスを明らかにし準備する力

創造力
新しい価値を生み出す力

チームで働く力（チームワーク）
〜多様な人々とともに，目標に向けて協力する力〜

発信力	自分の意見をわかりやすく伝える力
傾聴力	相手の意見を丁寧に聴く力
柔軟性	意見の違いや立場の違いを理解する力
情況把握力	自分と周囲の人々や物事との関係性を理解する力
規律性	社会のルールや人との約束を守る力
ストレスコントロール力	ストレスの発生源に対応する力

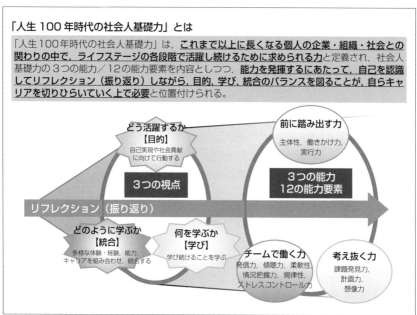

「人生100年時代の社会人基礎力」とは

「人生100年時代の社会人基礎力」は，これまで以上に長くなる個人の企業・組織・社会との関わりの中で，ライフステージの各段階で活躍し続けるために求められる力と定義され，社会人基礎力の3つの能力／12の能力要素を内容としつつ，能力を発揮するにあたって，自己を認識してリフレクション（振り返り）しながら，目的，学び，統合のバランスを図ることが，自らキャリアを切りひらいていく上で必要と位置付けられる。

どう活躍するか
【目的】
自己実現や社会貢献に向けて行動する

前に踏み出す力
主体性，働きかけ力，実行力

3つの視点

3つの能力
12の能力要素

リフレクション（振り返り）

どのように学ぶか
【統合】
多様な体験・経験，能力，キャリアを組み合わせ，統合する

何を学ぶか
【学び】
学び続けることを学ぶ

チームで働く力
発信力，傾聴力，柔軟性，情況把握力，規律性，ストレスコントロール力

考え抜く力
課題発見力，計画力，想像力

図3-6　人生100年時代の社会人基礎力

出典）経済産業省HP「人生100年時代の社会人基礎力」説明資料より一部抜粋（2022年10月閲覧）

誇りをもって歩むことができるように，ライフチャンスを保障する若者政策を示し，若者の現在から将来までの暮らしの保障（生活保障）の必要性を提起している。生活保障という視点をもって，青年期から成人期への移行期における自立を支える総合的な若者政策を構築することが求められている。

■学習課題

1. さまざまな年代の大人に，いくつくらいから大人になったと感じたか，また，なぜそう感じたのかをたずね，大人の条件を考えてみよう。
2. 「親離れ」「子離れ」をテーマにした新聞記事や小説を題材に，青年期の親子の距離感や親からの自立について，グループで話し合ってみよう。
3. 若年就労を支援する政策や具体的な取り組みについて調べてみよう。

【引用・参考文献】

Arnett, J.J. "Emerging Adulthood：A Theory of Development From the Late Teens Through the Twenties", *American Psychologist*, 2000, 55(5), 469-480.

エリクソン, E.H., 仁科弥生訳『幼児期と社会1』みすず書房，1950=1977.

ジョーンズ, G.・ウォーレス, C., 宮本みち子監訳，鈴木宏訳『若者はなぜ大人になれないのか─家族・国家・シティズンシップ─』新評論，1992=1996.

白井利明『大人へのなりかた─青年心理学の視点から─』新日本出版社，2003.

信田さよ子『母が重くてたまらない─墓守娘の嘆き─』春秋社，2008.

内閣府『令和4年版　子供・若者白書』，2022.

ハヴィガースト, R.J., 荘司雅子訳『人間の発達課題と教育』牧書房，1953=1958.

溝上慎一,「青年期」日本発達心理学会編『発達心理学事典』丸善出版，2013, 418-419.

宮本みち子『ポスト青年期と親子戦略─大人になる意味と形の変容─』勁草書房，2004.

宮本みち子,「成人期の移行モデルの転換と若者政策」『人口問題研究』68(1), 2012, 32-53.

宮本みち子・佐藤洋作・宮本太郎編著『アンダークラス化する若者たち─生活保障をどう立て直すか─』明石書店，2021.

山田昌弘『パラサイト・シングルの時代』筑摩書房，1999.

レヴィン, K., 猪股佐登留訳『社会科学における場の理論』誠信書房，1939=1956.

第4章 セクシュアリティ，性，生殖

1. 多様な性

（1）セクシュアリティとは

　世界保健機関（WHO）によると，セクシュアリティ（sexuality）とは，「生涯を通じて人間の存在において中心的なことがらであり，セックス，性自認，性役割，性的指向，エロティシズム，快楽，親密さ，生殖を包含するものである」とされている。セクシュアリティは近代特有の概念である。

　セクシュアリティのうち，以下では性のあり方について考える。性のあり方は，三つの構成要素を手がかりにとらえることができる。

1. 生物学的性（身体的性　biological sex）：身体の形態的差異（主に生殖器）によって判断される性別。

2. 性自認（心の性，自己認識的性　gender identity）：精神的に適合する性別で，自己の性認識による性別。

3. 性的指向（愛情・性の対象認識，性的対象指向性　sexual orientation）：自己の愛情・性の対象に対する他者への認識。性的欲求対象（好きになる対象）は，次の四つのパターンが考えられる。
   ・異性＝ヘテロセクシュアル
   ・同性＝ホモセクシュアル（レズビアン，ゲイ）
   ・両性とも＝バイセクシュアル
   ・性的欲求対象（好きになる対象）をもたない人＝エイセクシュアル

　性のあり方の三つの構成要素が，男か女か両性かによって，性のあり方についてのいくつかのパターンを例示してみよう（表4-1）。

　典型的パターンは，表中の1と2が同じ性で，3の性的指向が異性のヘテロセクシュアル（タイプB，E）の場合である。セクシュアル・マイノリティとは，性にかかわる場面において，少数派（マイノリティ）とされる人々のことで，表4-1の分類でいえば，B，E以外の人々のこととととらえられている。

表4-1 性のあり方のパターン例

	タイプA	タイプB	タイプC	タイプD	タイプE	タイプF
1. 生物学的性 biological sex	男	男	男	女	女	女
2. 性自認 gender identity	男	男	女	男	女	女
3. 性的指向 sexual orientation	男	女	両性	両性	男	女

注）表には，性的欲求対象をもたない者（エイセクシュアル）を除き，性的欲求対象が「男」，「女」，「両性」（両性または性別にこだわらない人）として示した。しかし，性のあり方は多様で，すべての人が表中のパターンにおさまるわけではない。

出典）二宮周平「序 性のあり方の多様性」二宮周平編『性のあり方の多様性』日本評論社，2017より作成

（2）セクシュアル・マイノリティについて

セクシュアル・マイノリティで，レズビアン，ゲイ，バイセクシュアル，トランスジェンダー（性自認と身体の性が一致しない者）の人々は，その英語の頭文字をとって，LGBTと呼ばれている。生物学的性（体の性）と性自認（心の性）が一致せず，何らかの性別違和感をもつ場合には，性別適合手術を望むケースもある。日本精神医学会では，治療のため「『性同一性』障害に関する診断と治療のガイドライン」を設けている。また，2004年「性同一性障害者の性別の取扱いの特例に関する法律」が施行された。この法律により，性同一性障害者のうち特定の要件を満たす者については，家庭裁判所の審判により，法令上の性別の取扱いと，戸籍上の性別記載を変更できるようなった。セクシュアル・マイノリティはすべて性同一性障害と思い込んでいる者も多いようだが，その多くは性同一性障害ではない。

セクシュアル・マイノリティはその組み合わせによってさまざまであり，そのおかれている状況や抱えている問題，ニーズなどは多様である（表4-1）。

セクシュアル・マイノリティへの差別や偏見は，いまだ根強い。その背景には，ヘテロセクシズム（heterosexism 異性愛主義）の考え方がある。ヘテロセクシズムとは，「異性愛主義的な性のあり方やライフスタイルに代わる生き方に対する偏見や無知をさす」（タトル（Tuttle, L.），1986=1998）とされる。こうした偏見や無知のために，異性愛へのアイデンティティや異性愛行動が正常で正しい

ものであり，それ以外は逸脱し，倒錯し，異常であるという態度が生まれる。

　2011年6月，国連人権理事会は，性的指向と性自認に基づく人権侵害に対する問題に焦点をあてた，初めての決議を採択した。この決議においては，人権の普遍性を確認すると同時に，性的指向や性自認を理由に人々が受けている暴力行為や差別に重大な懸念が示されている。

（3）思春期の子どもの心理的葛藤

　レズビアン，ゲイである子どもは，思春期に自らの同性に対する性的指向に気づき，レズビアン，ゲイであることを受け入れるための心理的葛藤を経験する場合が多い。彼らが教育を受ける場は，ヘテロセクシズムが根強く浸透しているため，レズビアン，ゲイである子どものメンタルヘルス問題はさらに深刻となる。自己のアイデンティティを受け入れ，次第に統合させていくプロセスにおいては，学校や友人，家族の役割が大きい（原田，2005）。

　Webを用いた日高（2016）の「LGBT当事者の意識調査—いじめ問題と職場環境等の課題—」では，学校生活（小・中・高校）においては，性的少数者の約60%がいじめ被害の経験をもっていることがわかった。また，いじめ被害の内容としては「ホモ・おかま・おとこおんな」などの言葉によるいじめ被害率は63.8%，服を脱がされるいじめ被害率は18.3%であった。

　この10年で，数多くの法改正や社会的意識の変化により，世界各地のセクシュアル・マイノリティの人々の生活環境は，大きく改善した。しかし大幅な前進がみられている国でさえ，セクシュアル・マイノリティの人々は高い障壁に直面している。学校でのいじめや職場での不当な扱い，基本的サービスの利用を拒まれたりすることも依然として多い。そのため，職場や地域社会，教育現場において，セクシュアル・マイノリティの問題を人権問題として議論していくことが必要となっている。

2. 若者の性行動

（1）性行動の若年化

　日本性教育協会が6年ごとに実施している「第8回青少年の性行動全国調査」

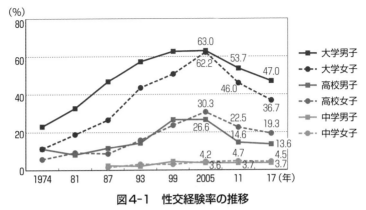

図4-1　性交経験率の推移

出典）日本性教育協会「第8回青少年の性行動全国調査」2017より作成

（2017）から，若者の性行動の時系列的変化をみてみよう。

　図4-1には性交経験率の推移を学校段階，性別ごとに示した。大学生につい
ては，1974年時点において男子で約23％，女子で約11％であった性交経験率
は上昇し続け，ピークは男女とも2005年で，男子は約63％，女子は約62％で
ある。またこの間に性差が縮小しており，2005年には差はほぼなくなってい
る。その後は男女ともに経験率が低下している。

　高校生については，男女とも1970年代からほぼ横ばいであったが，男子は
1981〜2005年にかけて，女子は1987〜2005年にかけて大きく上昇した。それ
以降は大学生と同様に経験率の低下がみられるが，性差のあり方は，2005年
以降，女子の経験率のほうが男子よりも高い状態が続いている。2017年では
男女ともに2割を下回っており，1990年代とほぼ同じ水準まで低下した。

（2）性行動の変容

　今日の若者の特徴を森岡（2008, 2011）は，「草食系男子」という用語で論じ
ている。森岡によれば，この用語は，従来の男性性，すなわち「男らしさ」の
呪縛に拘束されず，対等な女性観をもつために，女性との関係を性的欲望で壊
すことを嫌う男性を意味していた。しかしメディア等を中心に，この用語は，
恋愛や性行動に消極的な青年男性をさす言葉として用いられるようになってい

った。時系列データによる分析結果においても，恋愛や性行動に消極的な傾向がおおむね支持されている。2021年の「第16回出生動向基本調査（結婚と出産に関する全国調査）」（国立社会保障・人口問題研究所）によると，交際相手をもたない（異性の友人／恋人，婚約者のいずれもいない）割合は，18～34歳の未婚男女の7割前後であった。第14回調査以降では，この未婚者に異性との交際の希望をたずねているが「交際を望んでいる」人は半数弱である。

また，デート経験率の推移（前出「青少年の性行動全国調査」）では，大学生は1974年から男女ともに7割以上がデートを経験しており，1993年調査では男女ともに8割を超える経験率となった。しかし2000年代に入るとデート経験率は男女ともに低下しはじめ，2005年以降では，女子が高かった経験率が逆転している。2017年調査では男子の経験率が71.8％，女子の経験率は69.3％であるが，この経験率は調査開始以来，最低水準となった。

（3）性についての知識の獲得と情報源

性行動の不活発化が指摘されてはいるものの，一般的に，第二次性徴による身体的変化が起こる思春期以降は，「性」への関心が高まる時期である。これは，若者自身が，いつか親密な関係になるパートナーを得たいという願望を，多かれ少なかれ抱いていることが多いからである。自分と将来のパートナーが，互いに尊重し合い，性的な関わり合いで結ばれ，愛情と信頼を築いていくためには，青年期から成人期に至るまでに「性」に関する正しい知識を獲得していくことが望ましい。

今日では，雑誌やインターネットなど，さまざまな情報源から，簡単に「性」に関する情報を得ることができる。ひとくちに「性」の情報と言っても，「性的刺激を喚起し，性的欲求を満たすもの」と，「身体・妊娠のしくみや避妊の方法など性に関する知識を得るもの」では，情報源が異なる（中澤，2013）。

表4-2は，「性交（セックス）」と「避妊方法」についての知識や情報を，中高生がどこから得ているかを示したものである。インターネットやアダルトビデオ，雑誌などの媒体が情報源となっていることがわかる。これらの中には，男性が女性を一方的に従属させる男性中心的な性関係や，それを肯定する考え方を助長するような情報，「性の商品化」につながる倫理的問題のある情報も

表4-2　性についての知識や情報源

(%)

	性交（セックス）について				避妊方法について			
	中学		高校		中学		高校	
	男子	女子	男子	女子	男子	女子	男子	女子
親やきょうだい	4.4	7.3	4.6	7.1	2.5	5.4	4.6	9.6
友人や先輩	53.4	41.4	63.5	57.3	21.7	17.9	34.0	33.6
付き合っている人	2.2	4.4	5.0	15.0	1.0	1.6	3.2	9.2
学校（先生, 授業や教科書）	21.4	22.9	33.7	41.4	15.4	14.7	63.5	69.8
マンガ／コミックス	14.9	23.1	18.0	24.5	5.5	8.8	6.3	9.4
一般雑誌	3.4	3.2	3.0	3.6	2.0	1.6	2.0	2.0
ポルノ雑誌	3.4	0.9	6.4	0.8	2.1	0.3	2.8	0.3
アダルトビデオ	12.3	5.1	34.3	7.0	4.4	1.2	8.5	1.0
インターネットやアプリ・SNS	19.8	22.7	39.6	28.4	11.3	14.6	25.3	18.0

注）情報源としてあてはまるものの選択率
出典）日本性教育協会「第8回青少年の性行動全国調査」2017より作成

多い。しかし，ICT化の進んだ現在，このような「誤った知識を伝える」可能性の高い情報源に中高生がアクセスすることをすべて阻止するのは難しい。

　中学・高校では，「性交（セックス）」と「避妊方法」を含め，「性」についての知識を，主に保健体育の教科の中で教えている。様々な情報源がある中で，「正しい知識を伝える」機会としての学校教育の役割は大きい。学校で真面目に「性」の問題と向き合うことで，「性」の多様性を知り，自己決定能力を養っていくことは大切である。ただ，非常に個人的なことであり，その感覚についての個人差も大きい「性」について，学級という集団の中で教育を受けることに違和感や抵抗感をもつ生徒がいることへの配慮も求められる。

3. 医療技術の進歩と生殖の変化

（1）生殖革命

　人類の発生以来，人間の生殖行為とは，男女が性行為で結ばれた結果，子どもが誕生してくることであった。ところが，20世紀に医療技術は目覚ましく進歩し，その常識は覆されていった。日本では，1949年に男性不妊症への適

用として，医療機関において女性の子宮腔内に精子を注入する人工授精で初め
て子どもが生まれた。

1978年，イギリスで体外受精により子どもが誕生したことを発端に，生殖
補助医療は著しく進歩し，性と生殖の関係は，生殖革命と言われるほどに劇的
に変化することになった。体外受精とは，体外で受精させた卵子と精子による
胚（受精卵）を子宮腔内に移植することで，子どもを誕生させる技術である。
日本では，1983年に体外受精の成功例が報告された。1992年には，ベルギー
で精子を卵子の中に注入して受精させる顕微授精に成功した（石原，2016）。

このような医療技術の進歩は，自然に子どもを授かることができず不妊に悩
み，子をもつことを諦めざるを得なかった多くの人々を救った。また，卵子の
凍結・精子の凍結技術によって，小児期・青年期に癌を発症し，子をもつこと
を断念せざるを得なかった患者が，将来，子をもつことを可能にした。

（2）医療の進歩と生殖に関する選択肢の増加

生殖医療技術の進歩は，卵子提供や精子提供，代理母による出産という第三
者を介在させて子をもつこと，未婚・既婚を問わず凍結卵子や凍結精子を用い
て子をもつ等の生殖に関する個人の選択肢を増やした。

その一方で，生命倫理学的観点—「生命の神秘」や「生命の尊厳」とされて
きた領域に人為的操作を加えることの是非—や，子どもの法的地位や福祉の観
点から，議論すべき多くの問題を生起させた。以下では，そのうち二つの問題
を指摘する。

1）代理母による出産

日本では代理母を禁止する法律はないが，日本産科婦人科学会は，第三者女
性の子宮を借りて子どもをもつ代理母出産を会告で禁止している。妊娠・分娩
は，女性の身体的・精神的負担が大きくリスクも伴う。代理母は，体外受精に
より依頼者夫妻の受精卵を子宮に移植し胎内で育て出産することになる。代理
母が身体的リスクを負う問題以外に，子どもと遺伝学上の父母と代理母の関係
が複雑になり子の安定的な養育環境確保の点から問題があること，代理母への
謝礼として金銭授受が行われることの是非など，問うべき倫理的な問題が多い。

2004年，妊娠中に癌がわかり子宮を摘出し，妻が出産できなくなった有名

人夫妻が，代理母を法的に認めているアメリカのある州で，代理母に依頼し子どもを誕生させたことを記者会見で公表し注目を浴びた。その後，夫妻は日本で妻を「母」として出生届を提出したが，役所はこれを受理しなかった。日本の法律では，産んだ女性が母親となるからである。たとえ遺伝学的に母親であっても，法律上の母親はアメリカにいる代理母となる。法務省は，子どもの日本国籍は認めた上で，子どもを妻の養子とし，夫妻の子とすることを勧めたが，夫妻は出生届不受理を不服とし裁判を起こした。

　この事件は，2007年に最高裁判所において「出生届の受理は認められない」との判決が出た。ただし，裁判所は「速やかな立法による対応が強く望まれる」という意見を付けた。だが10年過ぎても，生殖技術に関連する法は未整備のままである。

　病によって妻が子どもを産むことができなくなった夫妻が，血縁で結ばれた子をもつことを諦めきれず代理母への依頼を選択したことには，同情や賛成の意見がある一方で，批判的な意見も多い。個人が幸福を追求する権利として，

　特別養子縁組と普通養子縁組

　特別養子縁組とは，原則15歳未満の子と原則25歳以上の夫婦が行い，子の実親との法的関係の終了を伴う養子縁組である。それに対して普通養子縁組とは，養子が実親との親子関係を存続したまま，養親との親子関係をつくるという二重の親子関係となる縁組のことをいう。

　特別養子縁組は，普通養子縁組とは異なり，家庭裁判所の審判によって成立し，離縁は原則認められず，戸籍の記載は実親子とほぼ同様の記載がなされる。養子と養親のマッチングは児童相談所等を通じて行われ，養親の調査や6か月試験養育期間等が設けられており，里親制度と並ぶ児童福祉制度と位置づけられている。特別養子縁組制度は1987年に成立し，特別養子縁組の裁判所における認容件数は導入直後をピークに減少していた。

　しかし近年，この制度についての啓発活動や支援が活発になったため，特別養子の成立件数が増加し始めている。さまざまな事情により，実親と暮らすことができない子どもを自分の子どもとして迎え入れることで，親になるという選択をする夫婦も増えているのである。

どこまで認めるべきなのか。法律でどのような規制をすべきなのか。判断は保留されたままである。

2）出生前診断・新型出生前診断

　出生前診断とは，染色体や遺伝子の異常による疾患や胎児の奇形の有無について，出生前に検査して診断することである（吉村，2014）。母体の血液検査や超音波検査により異常のある可能性が高い場合，羊水検査や絨毛検査によって染色体疾患などを高い確度で調べることができるが，わずかながら流産の危険性がある。

　2013年より新型出生前診断（NIPT）が始まり，高額な費用がかかるが母体にリスクのない血液検査により，従来よりも高い精度で胎児の染色体異常を推定することができるようになり，出生前診断で異常のない確率が高い場合にのみ産むという判断をすることも可能になった。

　しかし，新型出生前診断を受けても，出生後の子どもの健康状態がすべてわかるわけではない。新生児の3〜5％は，軽いものから重いものまで何らかの先天的な疾患をもって生まれてくる（小西，2016）。

　生殖医療が高度化し，情報が多くなることは，「産むこと」に関する自己決定を可能にした良い面もあるが，授かったいのちを選別するという倫理的問題に，妊娠した女性や夫（パートナー）が向き合い悩まなければならない場合が増えるということでもある。今後，産科や遺伝医療の専門機関では，出生前診断を受けたカップルが，自律的な意思決定ができるよう支援するために，十分なカウンセリングを受けられる体制を整える必要がある（関沢，2017）。

4. 子どもを産むということ

（1）リプロダクティブ・ヘルス／ライツ

　リプロダクティブ・ヘルス／ライツは，性と生殖に関する健康および権利とと訳され，1994年にカイロで開催された国際人口・開発会議で提唱された「カイロ行動計画」で明示された。地球上には，女性の権利が抑圧され，結婚・出産・多産が強要されている多くの地域がある。開発途上国や一部の国・民族においては，医療レベルの低さのためだけではなく，社会的・文化的な慣習が女

リプロダクティブ・ヘルス／ライツ(性と生殖に関する健康／権利)

　リプロダクティブ・ヘルスとは，人間の生殖システム，その機能と活動過程のすべての側面において，単に疾病，障害がないというばかりでなく，身体的・精神的，社会的に完全に良好な状態にあることをさす。したがって，リプロダクティブ・ヘルスは，人々が安全で満ち足りた性生活を営むことができ，生殖能力をもち，子どもを産むか産まないか，いつ産むか，何人産むかを決める自由をもつことを意味する。

　リプロダクティブ・ライツは，すべてのカップルと個人が自分たちの子どもの数，出産間隔，ならびに出産する時を責任を持って自由に決定でき，そのための情報と手段を得ることができる基本的権利，ならびに最高水準の性に関する健康およびリプロダクティブ・ヘルスを得る権利を認めることにより成立している。その権利には，差別・強制・暴力を受けることなく，生殖に関する決定を行える権利も含まれる。

　世界の多くの人々は，以下のような諸要因からリプロダクティブ・ヘルスを享受できないでいる。すなわち，人間のセクシュアリティに関する不十分な知識，リプロダクティブ・ヘルスについての不適切または質の低い情報とサービス，危険性の高い性行動の蔓延，差別的な社会習慣，女性と少女に対する否定的な態度，多くの女性と少女が自らの人生の中の性と生殖に関し限られた権限しかもたないことである。

　　出典) 藤掛洋子「人口問題に関する国際会議の論点の評価・分析―リプロダクティブ・
　　　　　ヘルス／ライツの議論を中心に―」(国際協力事業団報告書，2001 年) より抜粋

性たちを苦しめ，健康を脅かし，妊産婦死亡率を高めている。

　リプロダクティブ・ヘルス／ライツは，「先進国・途上国を問わず，すべての国のすべての個人を対象に，特に女性の自己決定権を重んずることに加えて，男女ともどもの性と生殖に関する健康と権利を重視する精神を貫くべきである」という考え方が根底にある (藤掛，2001)。

　日本の歴史を振り返ると，どうであっただろうか。明治期に堕胎罪が施行され，妊娠中絶は刑罰の対象となった。昭和期の戦時体制下では国力増強のために人口増加政策が推し進められ，「産めよ，殖やせよ」と女性に対する社会の

圧力が強まった。また，嫁は跡継ぎを産むことが第一の義務とされ，産めなければ離縁されることも少なくなかった。

　戦後は民主主義社会になり，強制されることはなくなったが，食糧・物資の不足から，「子どもは2人が理想」という家族のモデルが推奨され，人口増加の抑制が行われ，合計特殊出生率は低下の一途をたどった（p.9参照）。

　やがて，2008年には人口減少が始まった。若者が結婚し，ともに働きながら子どもを産み育てる環境が十分に整備されていないことを物語っているのではないだろうか。

（2）人工妊娠中絶

　現在の日本では，母体保護法指定医の下で，人工妊娠中絶を行うことが法的に認められている。

　人工妊娠中絶とは，母体保護法によれば，「胎児が，母体外において，生命を保続することができない時期に，人工的に，胎児及びその附属物を母体外に排出すること」（第2条第2項）とされている。ここでいう胎児が母体外で生命を保続することのできない時期は，厚生労働省事務次官通知により定められ，1991年からは満22週未満とされている。

　母体保護法第14条では，指定医師により次の各項目において，本人および配偶者の同意を得て，人工妊娠中絶を行うことができるとしている。

　　1　妊娠の継続または分娩が身体的または経済的理由により母体の健康を著しく害するおそれのあるもの。
　　2　暴行もしくは脅迫によってまたは抵抗もしくは拒絶することができない間に姦淫されて妊娠したもの。

　また，これらの同意は，配偶者が知れないときもしくはその意思を表示することができないとき，または妊娠後に配偶者が亡くなったときには，本人の同意だけでその行為が可能になる。しかし，現実には，法律の規定を超えて，多数の人工妊娠中絶が行われていることが多いとされている。

　リプロダクティブ・ライツには，「出産する時を責任を持って自由に決定できる」とある。若くて子どもを産み育てる力が備わっていない時期に，「望まない妊娠」で中絶することがないよう正確な情報に基づき責任ある行動をとる

べきである。若者は，将来，自分が望んだ時期に健康で妊娠可能な身体であるためにも，避妊や性感染症の予防の知識をもち実行することが大切である。

（3）晩婚化と晩産化・不妊症の増加

　日本では，女性の晩婚化に伴い，晩産化も進んでいる。1980年には平均初産年齢（女性の第1子出産年齢）が26.4歳であったのが，2011年には30.1歳，2015〜2020年まで30.7歳と横ばいが続いている（厚生労働省「人口動態統計」）。妊娠・出産は，年齢が高くなるほど医学的リスクが高くなる。

　しかし，出産を機にそれまで積み上げてきた職業上のキャリアを中断ないしは断念しなければならないことの多い現在の職場環境では，妊娠・出産に踏み切るタイミングを決めかねているうちに，年齢を重ねていく女性たちが多いのが事実である。

　男女の出産時の年齢が高齢化すると，妊娠する能力が低下する一方，不妊症となる確率が高くなり，出生時の先天異常率などが上昇することが明らかになっている。

　結婚年齢の上昇に伴い不妊に悩むカップルが増加した。不妊治療は，費用も時間もかかり，精神的な負担も大きい。国と地方自治体は少子化対策の一環として，2004年から不妊治療費の一部を助成するようになった。さらに，2022年4月からは，人工授精等の「一般不妊治療」，体外受精・顕微授精等の「生殖補助医療」について，医療保険が適用されるようになった。

（4）「子どもを産み育てやすい社会」への転換

　少子化がここまで進んでしまった背景には，晩婚化・未婚化が進行したこと，日本が，結婚しても「子どもを産み育てにくい社会」であったことがある。

　人口減少が進み始めた社会において，出生児数の増加を期待する声は，今後，ますます大きくなることだろう。「産むこと」の社会的必要性や，親になることの美徳を説いても，子育ての苦労を親だけが背負う社会のままでは，少子化は止まらない。

　近年，政府・自治体・企業も子育て支援に急速に力を入れるようになった。目に見えるような子育て支援改革を実行し，妊娠した女性に優しく，また子育

てする家族に優しい社会の仕組みを構築することが何より大切である。そうして，若い人たちが自ら望んで子どもをもちたいと思うような「子どもを産み育てやすい社会」に転換してくことが期待される。

父子手帳・父親学級の広がり

　女性は，妊娠すると母子保健法に基づき，市町村から「母子健康手帳（いわゆる母子手帳）」が交付される。母子手帳には，妊娠の経過を記録する欄があり，妊娠した女性が携帯していれば，急な体調の異変でかかりつけ医以外の医療機関を受診しても，それまでの経過がわかるため安心である。また，妊娠・出産・育児の指針となる情報もコンパクトに書かれていて，読むことで，妊娠・出産・育児期の不安の解消の助けにもなる。

　近年では，父親となる男性に「父子手帳」を配布する自治体が増えている。たとえば，岐阜県の父子手帳「パパ　スイッチ　オン！」には，妊娠初期には，「ママの気持ちに寄り添って，からだを気づかってあげることが大切」であり，具体的に男性ができることとして，「家事分担を見直そう」「重い荷物は持とう」「つわりのつらさを知ろう」「タバコをやめよう」「出産方法を一緒に考えよう」というアドバイスがある。妻と一緒に，妊娠・出産・育児を楽しむためのハンドブックとして役に立つ。

　そのほか，従来から保健所や病院で妊婦を対象に「母親学級」が開催されてきたが，今では，「父親学級」「両親学級」で，男性も赤ちゃんの沐浴の仕方や，おむつ替えを実習できるようになった。

　「産むということ」を父親になる男性も，できる限り共有し，女性の負担を減らしていくことは，第2子・第3子を「産みやすい」環境づくりにもつながっていく。

岐阜県父子手帳

■学習課題

1. セクシュアリティの多様性を尊重する社会をめざすさまざまな取り組み
について調べてみよう。
2. 自分の住む自治体や近隣の自治体で配布されている父子手帳の内容や，
父親学級・両親学級の実施内容を調べてみよう。

【引用・参考文献】

木原雅子・木原正博，「若者に見られる性行動とSTD」田中正利編『性感染症STD　改訂2
版』南山堂，2008，87-98.

小西郁生「出生前診断における遺伝カウンセリングの実施体制及び支援体制のあり方に関す
る研究（平成27年度厚生労働科学研究費補助金研究報告書）」，2016.

関沢明彦・佐村修・四元淳子『周産期遺伝カウンセリングマニュアル第2版』中医学社，
2017.

タトル，L.，渡辺和子訳『新版フェミニズム事典』明石書店，1986=1998.

中澤智惠「知識・態度・行動の観点からみた性教育の現状と今後の課題」日本性教育協会編
『若者の性白書―第8回青少年の性行動全国調査報告』小学館，2019.

原田雅史，「セクシュアル・マイノリティとヘテロセクシズム―差別と当事者の心理的困難
をめぐって―」『ジェンダー研究』8，2005，145-157.

石原理『生殖医療の衝撃』講談社，2016.

日高庸晴，「LGBT当事者の意識調査―いじめと職場環境等の課題―」2016.
reach_online2016_report.pdf（health-issue.jp）（2022年11月20日取得）

向井亜紀『家族未満』小学館，2007.

森岡正博『草食系男子の恋愛学』メディアファクトリー，2008.

森岡正博，「「草食系男子」の現象学的考察」 *The Review of Life Studies*，Vol.1 October
2011，13-28.

吉村泰典『高齢妊娠・出産とどう向き合うか』ぱーそん書房，2014.

第5章 パートナーの選択と結婚

1. 皆婚社会の終焉

（1）未婚化の進行

　結婚したいのにできない人，まだ結婚しなくていいと考えている人，結婚に興味がない人。理由はさまざまではあるが，現代の日本では結婚していない人たちが増えている。

　年齢別未婚率の推移（図5-1）をみると，1970年代後半以降，男女共にどの年齢層においても急激に未婚化が進行していることが明らかである。2020年には，40歳代前半の男性のうち約3人に1人が，女性のうち約5人に1人が未婚の状態になっている。また，50歳時において一度も結婚経験のない人の割合を生涯未婚率というが，2020年の生涯未婚率は，男性23.4％，女性14.1％にのぼった（厚生労働省，2021）。

　時代をさかのぼってみると，1950年における生涯未婚率は，男性1.4％，女性1.3％にすぎなかった。戦後間もないこの時期，人々の暮らしは現在より格

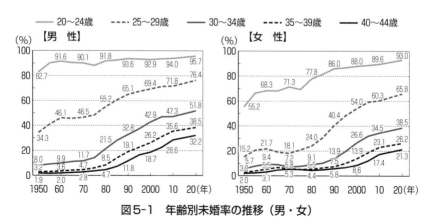

図5-1　年齢別未婚率の推移（男・女）

出典）総務省「国勢調査」各年より作成

段に貧しく不自由であったが，ほとんどの人が結婚する皆婚社会であった。

　しかし，今，皆婚社会はその終焉を迎えたといえよう。人々の結婚をめぐる意識や行動が，どのように変化した結果，このような状況になったのだろうか。

（2）皆婚規範の弱まり

　かつての日本は，皆婚規範が非常に強い社会であった。「人は結婚してこそ一人前になる」という価値観が社会の中に広く浸透していたが，1990年代以降，結婚に対する人々の考え方は大きく変化した（図5-2）。2013年の時点では，「人は結婚するのが当たり前だ」という意見に賛成する人が大幅に減り，「必ずしも結婚する必要はない」という意見が6割以上の人々に支持されるようになった。

　この変化は，結婚は個人の選択の問題であるとの認識が広く社会で共有され

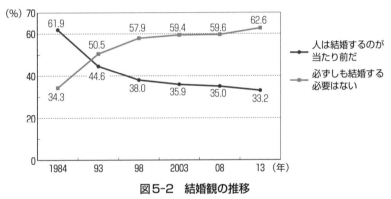

図5-2　結婚観の推移

資料）1984年については，NHK「現代の家族調査」，1993～2008年までについては，NHK「日本人の意識調査」より，厚生労働省政策統括官付政策評価官室作成

注）「現代の家族調査」（1984）と「日本人の意識調査」（1993～2008）では，設問が異なるため，単純に比較することには注意が必要。
　設問1：「現代の家族調査」：次に，リスト10には，結婚や家族についてのいくつかの考え方がのっています。AからDまでのそれぞれについて，「そう思う」か「そう思わない」かお答えください。（A：人間は，結婚してはじめて一人前となる）
　設問2：「日本人の意識調査」：リストには，結婚についての考え方がのせてありますが，あなたのお考えは，甲と乙どちらに近いでしょうか。（甲：人は結婚するのが当たり前だ 乙：必ずしも結婚する必要はない）

出典）厚生労働省『厚生労働白書』，2013を参考に作成

るようになった結果，生じたものであるといえよう。それを裏づけるように，2009年の調査では，「結婚は個人の自由であるから，結婚してもしなくてもどちらでもよい」という考え方について，「賛成」または「どちらかといえば賛成」が約6割に達している（図5-3）。年齢別にみると，皆婚社会を生きてきた70歳代においても，「結婚しない選択」を肯定する割合が約半数にのぼっている。

　皆婚社会は強い皆婚規範に支えられて実現していたのである。「結婚するのが当たり前」という規範は，個人に対して強いプレッシャーとなり，親をはじめとする親族や職場の上司の勧めにより，否応なく結婚へと進まされる社会を形成していたという面もあった。今日，結婚が「個人の人生における自由な選択」とされるようになったことは，個人の生き方を尊重する社会としては望ましい姿である。今後，皆婚社会へ回帰することはないであろうし，私たちはそれを望むべきではないだろう。

　結婚するかしないか，誰といつ結婚するかは，最も重要な人生の選択の一つであり，あくまで本人の意思が尊重されるべきである。

　しかしながら今日では，社会からの結婚プレッシャーの問題より，結婚を望んでいるのにできない独身者に対して，彼らのニーズに合った結婚支援を行うことの方がむしろ重要な社会課題といえよう。

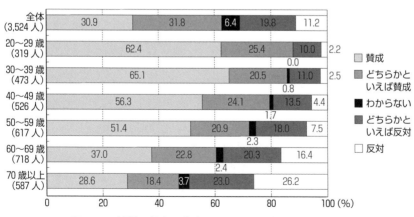

図5-3　結婚は個人の自由であるという考え方への賛否

出典）内閣府大臣官房政府広報室「男女共同参画社会に関する世論調査」世論調査報告書（2009年10月調査）

（3）若者の結婚意欲

結婚するかしないかの自由度が高まった結果，若者の「結婚離れ」が進んでいると指摘されることが多いが，はたして事実であろうか。

未婚の若者たちを調査した「出生動向基本調査」（国立社会保障・人口問題研究所，2022）の結果をみると，「いずれ結婚するつもりである」とする者が，2021年に男性の81.4%，女性の84.3%いて，若者の結婚への意欲は依然として高い水準にあることがわかる。一方で，「一生結婚するつもりはない」という回答も増えており，2021年には男性の17.3%，女性の14.6%となった。過去20年あまりの動向をみると，結婚をしない生き方を選ぶ非婚化も確実に進行しているととらえることができるだろう。

非婚化の背景にはさまざまな要因があるが，ここでは二つ挙げておきたい。第一に，親世代の多くが経験したのと同じ「結婚」を望まない若者が増えていることが考えられる。「結婚するのが当たり前」という社会で無批判に結婚を選択した（あるいは選択させられた）昭和世代とは異なり，それぞれが自分の結婚について熟考する傾向が強くなった結果といえるだろう。第二には，1990年代以降に進んだ若者を取り巻く経済環境の悪化（非正規雇用の増加・低収入・長時間労働等）があり，この要因については積極的かつ早急な改善が望まれる。

2. 結婚とは何か

（1）結婚の定義

ここで，そもそも結婚とは何であるのかを確認しておこう。

結婚は，単なる個人的な「愛情の結実」や「性的な結合」ではなく，一つの社会制度（社会的な取り決め）として存在するのである（善積，2003）。

結婚の通文化的研究を行ったスティーブンス（Stephens, W.N.）は，「結婚は永続的であるという観念をもって企図され，公に披露されることをもって始まる，社会的に適法な性的結合である。結婚は多かれ少なかれ明示的な結婚契約に基づいており，その契約は配偶者どうしおよび配偶者と将来の子どもとの間の，交互の権利義務を明示するものである」と定義した（スティーブンス，1963＝1971）。

　この定義は，多くの社会に通ずる結婚の一般的定義を述べようとしたものであり，今日でも一定の妥当性をもつものである。しかし，結婚のあり方は個々の社会や文化によって異なり，同じ国や地域でも時代によって変化していくものである。

　社会制度としての側面のほかに，結婚はどんな機能を果たしているのであろうか。以下で，現代日本における結婚の機能を整理してみよう。

（2）結婚の機能

　個人にとって結婚は重要なライフイベントであり，パートナーと結ばれて，さまざまな欲求が満たされることを期待してするものである。例えば「好きな人と一緒に暮らしたい」「子どもをもちたい」などの願望をもつことが結婚の動機であることが多いが，何を重要視するかは個人の価値観によって異なる。個人によって求めるものに違いがあっても，結婚は，一時的な関係を結ぶことではなく，互いに生涯の伴侶となることを約束して結ばれる関係である，ということは共通しているといってよいだろう。

　したがって，結婚が個人の人生にとって重要な機能を果たすことはいうまでもないが，社会にとっても重要な機能を果たしている（表5-1）。社会にとっての結婚の機能は，個人にとっての結婚の結果としてもたらされるものであり，個人にとっての結婚と表裏一体の機能をもつ（森岡・望月，1997）。

表5-1　結婚の機能

対個人的機能		対社会的機能
①情緒的欲求の充足	→	①個人の情緒的安定による社会の安定
②経済的欲求の充足	→	②個人の経済的安定による社会の安定
③ケア欲求の充足	→	③公的ケアの低減
④性的欲求の充足	→	④性的秩序の維持
⑤生殖欲求の充足	→	⑤社会の成員補充
⑥社会関係的欲求の充足	→	⑥社会的結合の拡大

出典）森岡清美・望月嵩『新しい家族社会学 四訂版』培風館，1997，p.45を参考に作成

（3）日本の結婚制度の現状と課題

1）法　律　婚

　結婚には，法的に夫婦となる法律婚と，法的な手続きはせずに事実上の夫婦となる事実婚がある。日本では法律婚を婚姻と呼ぶ。婚姻によって夫・妻は互いに配偶者としての法的地位を得る。

　図5-4は，戦後の婚姻件数と婚姻率の推移である。第1次ベビーブーム世代の結婚期が過ぎた1970年代前半以降，婚姻件数・婚姻率（人口千人当たりの婚姻数）ともに減少し，2020年の婚姻率は4.3にまで低下している。

　現在の民法の規定では，①近親者（直系血族・三親等内の傍系血族）間の婚姻でないこと，②重婚でないこと，③18歳に達していること，という要件を満たす男女が合意の上で，役所に婚姻届を提出し受理されれば，婚姻が成立する。

　日本国憲法では，家族と婚姻についての法律は「個人の尊厳と両性の本質的平等に立脚して，制定されなければならない」（第24条第2項）とされているが，実際，民法には男女平等とはいえない部分があった。改正を繰り返すことにより不平等は解消されつつある。近年では，婚姻開始年齢が男18歳・女16歳で

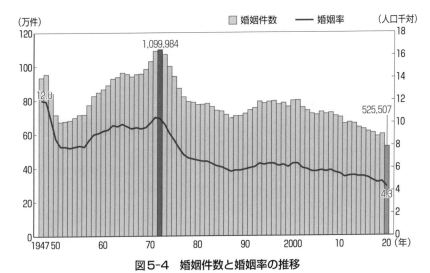

図5-4　婚姻件数と婚姻率の推移

注1）婚姻件数：1972年以前は沖縄県を含まない。
　2）婚姻率：1972年以前は沖縄県を含まない。
出典）厚生労働省「人口動態調査」各年より作成

あったのを，成人年齢の引き下げに合わせ2022年より男女とも18歳に変わった。また，子の嫡出推定の必要性から，女性のみ離婚後100日間は再婚が禁止されていたが，2022年の改正で女性の再婚禁止期間の規定は撤廃されることが決まった（2024年施行）。

男女の格差解消のため，特に注目されるのが選択的夫婦別氏制度の導入である。現在の婚姻では，夫か妻の氏を選び戸籍の筆頭者として届け出ること（夫婦同氏）が必要である。双方が氏の変更を望まない場合，あるいは変更できない状況であれば，法律婚はできない。現実には女性が氏を変更する場合が大多数であり，氏を変えることによる社会生活上のさまざまな不利益や不便を女性だけ

嫡出推定

扶養義務を負う父親を早期に確定し，子の身分を安定させるための規定である。嫡出推定により離婚後300日以内に生まれた子の父は前夫となる。このため，DV被害等により前夫との接触を避けたい母が出生届を出さず子が無戸籍児となる問題がある。民法改正により，離婚後300日以内でも他の男性と再婚すれば現夫の子とする例外規定ができた。しかし，再婚せずに離婚後300日以内に子が生まれた場合は前夫の子となる嫡出推定に変更はない。子を無戸籍にしたまま母子が苦しむことを防ぐ社会的方策が必要である。

選択的夫婦別氏（別姓）案

「民法の一部を改正する法律案要綱」（法務省法制審議会，1996年）には，婚姻時に，夫婦同氏（同姓）か夫婦別氏（別姓）か選択することを可能にする「選択的夫婦別氏（姓）制度の導入」が盛り込まれたが，四半世紀を過ぎても改正は見送られている。

が背負わされている状態にある。夫婦同氏を望むカップルの選択も尊重しながら，女性が社会で活躍する時代の変化に合わせ，夫婦別氏も選択できる婚姻制度への改正が期待されている。

2）事 実 婚

婚姻制度にとらわれることを嫌ったり，夫婦別氏を貫くため，事実婚を選ぶカップルもいる。しかし，日本人は，一般に法律婚を重視する傾向が強い。この背景には，事実婚の夫婦や生まれてきた子どもに対する法的な保護が法律婚に比べ劣っており，むしろ今の日本社会の中での差別を恐れているということがある。婚姻して「夫婦が同じ戸籍に入る」こと自体を大切にする状況がある。

2010年に内閣府が日本，韓国，アメリカ，フランス，スウェーデンの5か国

日本独特の「戸籍」という制度

　現在の戸籍は，1871（明治4）年に戸籍法が制定され，一つの戸籍に戸主（家長）を筆頭に同一の氏をもつ血族や姻族の続柄が記載されるようになったことに始まる。戦後，憲法，民法の改正による，「家」制度廃止に伴い，三世代以上の大家族を含む「家」の戸籍から，夫婦とその子を記載する夫婦戸籍へと変化した。旧戸籍法の戸主という身分こそなくなったが，婚姻時に夫・妻どちらかの氏を称するほうを筆頭者に定め，新戸籍を作成するのは，「家」制度の名残りといえるだろう。なお，新戸籍を作成した後も，前の戸籍をたどれるようになっており，戸籍には個人の一生の身分移動が記録される。

の20〜49歳の男女に対し実施した「少子化社会に関する国際意識調査」の結果によると，日本と韓国では，パートナーと同居している場合，ほとんどが届け出をした「結婚（婚姻）」であり，「同棲」は非常にわずかであり，対照的にフランスとスウェーデンでは「同棲」の割合が非常に高い（松田，2011）。

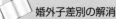

婚外子差別の解消

　日本でも，婚姻関係にない父母から生まれた「婚外子」に対する法的な差別は不当であるとして少しずつ解消されている。2013年には，「婚外子の相続分を婚内子の2分の1とする」という民法の規定が削除された。しかし，出生届の嫡出子（婚内子）・嫡出でない子（婚外子）のチェック欄など，必要性が疑われる区別が戸籍制度に残ったままである。

　フランスにはパクス（連帯市民協定），スウェーデンにはサンボ法（同棲法）という制度があり，法律婚よりも成立および解消の手続きが簡略でありながら，子どもを含めた事実婚家族が法的に保護される。事実婚カップルやそこから生まれた子ども（婚外子）が法的に不利な立場に置かれないことが，法律婚よりも手続き上の煩わしさがなく緩やかな結ばれ方によるパートナーとの暮らし方を実現しているのである。

3）異性婚・同性婚

　日本では，婚姻は男女の間における異性婚しか認めていない。日本国憲法で「婚姻は，両性の合意のみに基いて成立」する（第24条第1項）と規定されており，民法や戸籍法も，法律婚は異性間でのみ成立することを前提にしている。

しかし近年，セクシュアル・マイノリティの人々がカミングアウトしたり，同性カップルの存在を社会が認め，その権利を保護するよう求める動きが活発化している。結婚パーティーを開くなどして結婚を公表する同性事実婚カップルも増えている。

諸外国では，四半世紀前のデンマークを皮切りに，北欧を中心に同性カップルの権利を法的に保護する制度が整備されはじめ，2022年までの時点で，世界の33か国以上で同性婚（同性同士の法律婚）を認めている。法律婚は認めていなくても，登録制パートナーシップ制度を異性・同性を問わずカップルに対して認めている国は20か国を超える。どの国においても，同性カップルを社会的に承認する過程で，伝統的な結婚や家族制度に打撃を与えるとして反発する人々や，同性愛への嫌悪感を表明する人々の抵抗があった。しかし，それを乗り越えて，これらの国が同性カップルの法的保護を推し進めてきたのは，セクシュアル・マイノリティの権利を擁護し，法的差別を撤廃することが，より平等な社会の実現のために不可欠であるとの価値判断があったからである。

国連は，2008年に自由権規約委員会，2013年に社会権規約委員会が，日本政府に対して同性カップルを差別しないことを確保するための法改正を勧告している（鳥澤，2013）。だが，日本ではいまだに異性愛のみを正当な性愛関係とみなす意識が根強いこともあり，多くの人が同性婚を認め，法改正することに，熱心に関心を寄せるほど議論が盛んになっていないのが実情である。

しかし，自治体レベルでは同性カップルの権利擁護に向けて動き始めているところもある。2015年に渋谷区と世田谷区が「パートナーシップ証明書」を発行することを定め，同性カップルが共に生活するうえで差別を受けることを防止し，同性カップルとして生活していく権利が保障されるよう対応に乗り出したのを皮切りに，200以上の自治体がパートナーシップ制度を施行している（2022年現在）。

3. 日本における結婚の変化

（1）見合いから恋愛へ

かつて日本人の結婚は，見合い結婚が主流であった。戦前の「家」制度のも

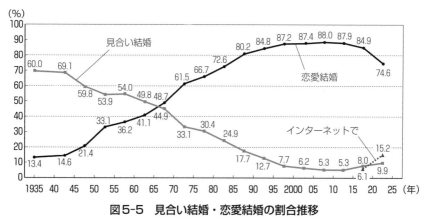

図5-5　見合い結婚・恋愛結婚の割合推移

出典）国立社会保障・人口問題研究所「第16回出生動向基本調査」2022

とでは，子の結婚は基本的に「家」の統率者である家長に決定権があった。結婚相手の選択に関して重視されたのは，「家」同士の格の釣り合いであり，仲人が双方の家長の意向を受け，両家の間を行き来して調整し，結婚に向けて話を進めていた。したがって当時の見合いは，結婚することがほぼ決まってから男女が「見合う」形式的なものであることが多く，実質的には，本人同士というより「家」同士の協定結婚であった。女性は嫁として嫁ぎ先の「家」に入り，家風になじみ，跡継ぎを産むことが第一の役割として期待された。また，一部の富裕層の家庭を除き，農業などの家業を営むうえで，嫁は重要な労働力でもあった。

　戦後，新憲法において「婚姻は，両性の合意のみに基いて成立」する（第24条第1項）ことが定められ，本人同士の愛情と，（親の決定に従うのではなく）自由な意思に基づく恋愛結婚をする人が増え，1960年代後半には見合い結婚を上回った（図5-5）。その後も，恋愛結婚の割合は増えつづけ，現代の日本では大半を占めるようになっている。

　一方，見合いの割合は減少を続けてきたが，結婚に対する人々の意識の変化を受けて，見合いのあり方も変化した。現代の見合いは，男女の出会いの場として設定され，当事者が同意すれば交際を開始し，ある程度の交際期間をおいて，恋愛感情もしくは愛情関係を育んでから結婚する場合が多くなっている。

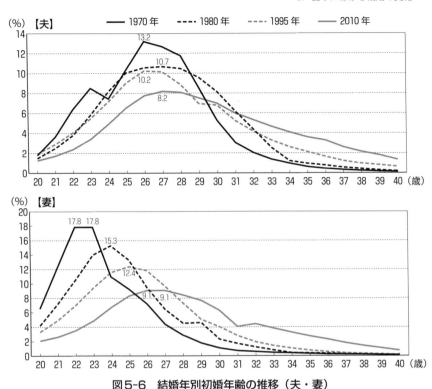

図5-6　結婚年別初婚年齢の推移（夫・妻）

出典）厚生労働省「人口動態統計」各年より作成

（2）晩婚化の進行

　自由な結婚が志向されるようになっても，日本においては「結婚適齢期」という概念が根強かった。特に，女性に対しては「20歳代前半までに結婚するべき」という意識が強く，「適齢期」の女性やその親は，駆り立てられるように相手を探したものであった。図5-6は，結婚年別にみた初婚年齢の推移であるが，1970年の妻の初婚年齢の分布に注目してほしい。22〜23歳に集中し，25歳までには8割が結婚している。女性にとって結婚が「永久就職」とさえいわれた時代のことである。

　ところが1980年代以降，女性の高学歴化や職場進出が進むにつれて，「適齢期」意識は徐々に崩れ，男女雇用機会均等法施行（1986年）後には，初婚年齢

は大きく分散するようになった。この理由は，周囲がプレッシャーをかけて「適齢期」に決めさせるのではなく，本人が結婚したいと思うパートナーを決めるのがよいという考え方が一般的になっていったからである。

　結果として，男女の平均初婚年齢は上昇した。1950年には，夫25.9歳，妻23.0歳であったのが，2021年には夫31.0歳，妻29.5歳となっている（厚生労働省「人口動態統計」2021）。初婚年齢は，個人の学歴・職業・居住地域（都会／地方）により，かなりの差があることに留意する必要があるが，この推移から，日本社会全体として急速に晩婚化が進んだことがわかる。

（3）恋愛規範の強まりと結婚難

　晩婚化の大きな要因は，「最善の選択」と納得できるパートナーとめぐり合うまで，結婚を先延ばしにする未婚者が増加したことにある。ロマンティック・ラヴを経験することは結婚するにあたっての必須条件になった。かつての「皆婚規範」に代わり，いわば「恋愛規範」が強くなったのである。

　しかし，恋愛だけで結婚できると思う未婚者は少ない。結婚を希望する未婚者が相手に求める条件（図5-7）として，「人柄」や「容姿」以外にも多くのことが考慮すべきポイントとしてあげられている。

　男性は，女性の「学歴」「経済力」「職業」を重視せず，「家事・育児に対する能力や姿勢」「自分の仕事への理解と協力」を求めており，従来からの性別役割分業に基づく夫婦関係を期待している傾向がある。

　一方，女性は男性に対し「経済力」「職業」を重視し，従来どおり「夫は一家の稼ぎ手」であることを求めているが，最近はそれ以上に「家事・育児に対する能力や姿勢」「自分の仕事への理解と協力」を求めている。つまり，夫の稼ぎだけに頼るのではなく（あるいは頼れなくなったときに），自分の仕事に対しても協力的な相手を求める傾向になっている。結果として，女性が結婚相手に対し求める条件が，男性に比べて多くなっているのが現状である。

　このように，「恋愛感情」をもったうえで「さまざまな考慮すべき条件」をクリアした人とのみ可能となると，なかなか結婚できない人が増えるというのは当然の帰結である。しかし，「恋愛規範」は強くなるばかりで，未婚者には「理想の相手が見つかるまでは結婚しなくていい」という考え方が強くなって

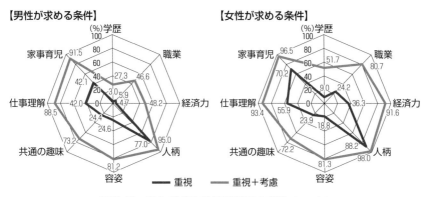

図5-7　男女が求める結婚相手の条件（2021年）

注）18歳から34歳までの「いずれ結婚する」と答えた未婚者のうち，結婚相手として「重視する」
　　「考慮する」と回答した場合。
出典）国立社会保障・人口問題研究所「第16回出生動向基本調査」（結婚と出産に関する全国調査），
　　2022

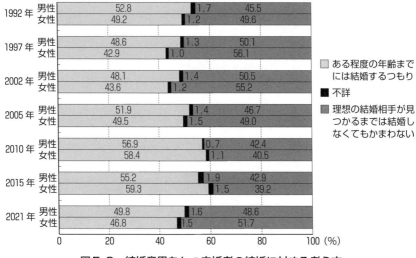

図5-8　結婚意思をもつ未婚者の結婚に対する考え方

注）対象は「いずれ結婚するつもり」と答えた18〜34歳未婚者。
　　設問：「同じく自分の一生を通じて考えた場合，あなたの結婚に対するお考えは次のうちどちら
　　ですか。」（1. ある程度の年齢までには結婚するつもり，2. 理想的な相手が見つかるまでは結婚
　　しなくてもかまわない）
出典）国立社会保障・人口問題研究所「第16回出生動向基本調査」（結婚と出産に関する全国調査），
　　2022

いった（図5-8）。

　ところが，2005年以降は回答率が反転し「ある程度の年齢までには結婚す
るつもり」が増加した。理想を追うよりも，現実的に「結婚できること」それ
自体に価値を置き，結婚によって生活の安定を得たいという傾向が強くなった
かのように思われた。

　しかし，2021年の調査では再度反転し，「理想の相手が見つかるまで結婚し
なくても構わない」の回答率が，2015年に比べて高くなっている。特に，女
性は12.5ポイントも増加し，顕著な変化だといえる。

4. 結婚難への対応

（1）出会いの機会の不足による困難

　皆婚社会においては，「適齢期」になると本人が何もしなくても縁談が持ち
込まれ，「自動的に」結婚相手が決まっていた。受け身の姿勢でいても，結婚
は決まった。しかし，結婚が「個人の自由」となった結果，本人が「恋におち
る」相手と出会い，結婚を決めなければならなくなった。

　2021年に実施された「出生動向基本調査」（国立社会保障・人口問題研究所）
から，将来結婚を希望する25～34歳の男女が独身にとどまっている理由とし

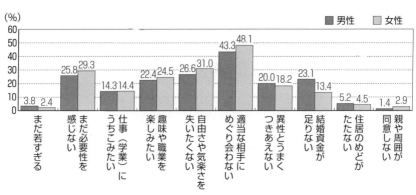

図5-9　独身にとどまっている理由（男・女（25～34歳））（複数回答）

出典）国立社会保障・人口問題研究所「第16回出生動向基本調査」（結婚と出産に関する全国調査），
　　2022

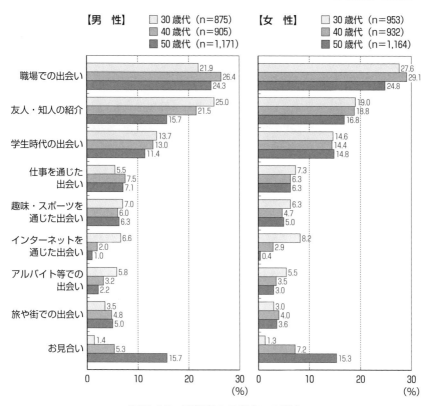

【男 性】 □ 30歳代（n=875）■ 40歳代（n=905）■ 50歳代（n=1,171）
【女 性】 □ 30歳代（n=953）■ 40歳代（n=932）■ 50歳代（n=1,164）

図5-10　配偶者との出会いの機会

出典）明治安田生活福祉研究所「30～50歳代の夫婦に関する意識調査」. 2009

て選択した回答をみてみると,「適当な相手にめぐり会わない」という回答が第1位であり, 男性の43.3％, 女性の48.1％を占めている（図5-9）。1980年代ごろまではあった地域社会や職場での結婚仲介の機能がすっかり弱くなった現在, 仲介抜きの「自然な出会い」を求めて待っていても, なかなか事は進まない。もともと若者のデート文化があった欧米とは異なり, 日本の多くの若者は恋愛のきっかけをつかむ場所とタイミングを逃しがちである。たとえチャンスがあっても「異性とうまくつきあえない」人が少なくない（男性20.0％, 女性18.2％）。

　既婚者の出会いの機会をみると, 50歳代では男女とも15％以上あった見合

いが若い層では激減している。その代わりに30歳代で急増しているのが，「インターネットを通じた出会い」である（図5-10）。本当に信頼できる相手かどうか見極める慎重さが求められるが，インターネットは，「出会いの機会」を提供するツールとして重要になっている。

　また，30歳代では友人・知人の紹介による結婚も増えている。「婚活」ブームの影響もあってだろうか，結婚相手を探していることを自分の周囲に伝え，積極的に出会いのチャンスを増やしている傾向もあるようだ。

（2）経済的な困難

1）収入の不足

　もう一つ，未婚者が結婚したくてもできない要因として，経済的な困難の問題がある。1990年代半ばから，非正規雇用の若者が増加し，また，正社員であっても昇給がわずかで低賃金のまま働かざるを得ず，将来への経済的不安を抱える若者が急増している。このような状況においても，女性が結婚の条件として男性の「経済力」を重視するのであれば，なかなか結婚できない未婚者が増えるのは明らかである。

　前述の2021年「出生動向基本調査」によると，男性がパートナーに望むライフコースとして，専業主婦を望む率はわずか6.8％と減少し，結婚し子どもをもつが仕事を続ける両立コースが39.4％と最多になっている（第9章参照）。働く女性を妻としたい男性が急増している。しかしながら，男性は，結婚相手の女性の経済力よりも，家事・育児能力を重視する傾向がある（前掲図5-7）。外では仕事をし，家庭では家事・育児というセカンド・シフト（ホックシールド（Hochschild, A.R.），1989＝1990）を女性のみに期待されたのでは，未婚女性がためらうのも無理はない。

　今後は，夫は仕事，妻は家庭という「昭和結婚からの脱却」（山田・白河，2013）をし，仕事も家庭も協働して支え合う夫婦を目指すカップルのほうが，成婚しやすくなるだろう。

2）結婚資金の不足

　結婚意志があるのに未婚でいる理由として「結婚資金が足りない」ことをあげる人も少なくない（前掲図5-9，男性23.1％，女性13.4％）。結婚資金には，結

婚式・披露宴・新婚旅行などの結婚イベント費用と新生活の準備費用などが含まれる。

バブル経済崩壊後，一時「ジミ婚」（＝地味な結婚）ブームがあったが，近年「思い出づくり」や「家族・友人・知人に感謝を伝えたい」として演出を凝らした結婚式や披露宴に高額の費用をかける傾向が復活していた。

しかし，2019年末からのコロナ禍により，従来のような結婚式や披露宴の実施が困難になった。これを契機に結婚イベントの多様化が進んだが，アフターコロナの社会においても多様性が定着することが期待される。

（3）「結婚支援」の必要性

結婚の決定が個人の問題であることは今日でも変わらず，他者が介入して促すべきことではない。しかしながら，結婚を希望しながらも交際相手に出会う機会がない未婚者に対しては，社会的支援が必要なまでに結婚難は深刻化している。特に，地方の場合は過疎化が進み，若年未婚者，なかでも女性の未婚者が減少したため，未婚男性は出会いの機会がほとんどなくなり，「結婚支援」に乗り出す地方自治体が増加している。

また，都市・地方にかかわらず，男女共に，非正規雇用や低収入の場合には，交際相手がいない傾向にある。その原因としては，「働いて生活するだけで精一杯で交際相手を見つける時間がない」という時間的・精神的余裕の欠如と，「交際を希望してもどうせ断られるだろう」というあきらめの気持ちから，積極的に交際相手を求められないことが考えられる。

「結婚して家族をもちたい」という人としての素朴な願いをかなえられない未婚者の急増は，社会的問題である。特に，経済的な理由による結婚難の解消のためには，若者が，将来の生活設計を立てられるよう，経済政策による対応が期待される。

そのうえで，若者たちにも，親世代の結婚を自分たちのモデルとするのではなく，多様で柔軟な新しい関係によるパートナーシップを築いていこうとする意識変革が求められている。

■学習課題────────────────────────────

　1．高度経済成長以前は，なぜ，「結婚するのが当たり前」という皆婚規範
　　が強かったのだろうか。調べてみよう。
　2．多様なパートナーシップを保護するために創設されたパクス，サンボ法
　　など，諸外国の登録制パートナーシップ制度について調べてみよう。

─────────────────────────────────────

【引用・参考文献】

小澤千穂子・山田昌弘，「結婚仲人の語りからみた『婚活』」山田昌弘編著『「婚活」現象の
　社会学』東洋経済新報社，2010，65-80.

上子武次・原田隆司・門野里栄子ほか『結婚相手の選択―社会学的研究―』行路社，1991.

厚生労働省『厚生労働白書』2013.

スティーブンス，W.N.，山根常男・野々山久也訳『家族と結婚』誠信書房，1963＝1971.

土屋葉編『これからの家族関係学』角川書店，2003.

鳥澤孝之，「諸外国の同性婚制度等の動向―2010年以降を中心に―」国立国会図書館『調査
　と情報―ISSUE BRIEF―』798，2013，1-12.

ホックシールド，A.R.，田中和子訳『セカンド・シフト―アメリカ 共働き革命のいま―』朝
　日新聞社，1989＝1990.

増子勝義編著『21世紀の家族さがし』学文社，2010.

松田茂樹，「結婚」内閣府政策統括官『少子化社会に関する国際意識調査報告書』2011，81-
　104.

松信ひろみ編著『近代家族のゆらぎと新しい家族のかたち』八千代出版，2012.

明治安田生活福祉研究所，「30～50歳代の夫婦に関する意識調査結果概要」2009.

森岡清美・望月嵩『新しい家族社会学 四訂版』培風館，1997.

山田昌弘『結婚の社会学―未婚化・晩婚化はつづくのか―』丸善，1996.

山田昌弘・白河桃子『「婚活」症候群』ディスカヴァー・トゥエンティワン，2013.

湯沢雍彦『明治の結婚 明治の離婚―家庭内ジェンダーの原点―』角川書店，2005.

湯沢雍彦・宮本みち子『新版 データで読む家族問題』日本放送出版協会，2008.

善積京子，「〈近代結婚〉の揺らぎ―スウェーデン社会からみた結婚の意義―」日本家族社会
　学会『家族社会学研究』14(2)，2003，43-53.

第6章 夫婦関係の諸相

1. 夫婦関係とは

（1）夫婦になるということ

　配偶者選択の結果，結婚した２人は「夫婦」という単位をつくって共同生活をする。なぜ，夫婦という単位をつくるのだろうか。それは，愛と性を基礎とした友愛的な関係を維持しながら，共に生活したいという欲求を満たすためであろう。また，夫婦は種の再生産にかかわる社会的な単位であることから，夫婦関係についての法的な決まりがある。夫婦になるということは，法的な関係を生きるということでもある。最も知られているのは，日本国憲法第24条の「婚姻における両性の本質的平等と相互扶助」であろう。夫婦は，対等な関係で互いに助け合って生活していくことが義務づけられることになる。

　わが国では，婚姻届を提出して法律上の正式な結婚（婚姻と呼ばれる）をしている法律婚の夫婦が多いが，婚姻届は提出せず，事実上の夫婦として生活している事実婚の夫婦もいる。今日では，事実婚の夫婦にも婚姻に準じた法の保護が与えられているが，遺産相続など戸籍上の明確さが要求される権利については認められていない。

（2）戦後における夫婦関係の変化

　戦後70年以上が経過した。この間に夫婦の関係性は大きく変化した。家族の変化と連動して夫婦関係も変化してきた。戦後を四つの時代に分け，夫婦関係の変化をとらえておこう。

１）戦後の制度的変革期（1945年〜1950年代まで）

　第二次世界大戦後制定された憲法や改正された民法によって家制度は廃止された。夫婦関係は法的に平等となり，夫婦家族制（夫婦中心の核家族で，親はどの既婚子とも同居せず，夫婦の一方ないし双方の死亡で消滅する夫婦一代限りの家族）が理念型となった。しかし，理念は変わっても，人々の意識や実態は急激に変

化するものではない。長男夫婦が親と同居して扶養する慣行や，夫が専制的で妻がそれに服従するという不平等な関係性の夫婦もかなり残存していた。

2）高度経済成長期（1960年代～1970年代前半まで）

　高度経済成長期には，産業構造の変化を背景に，農村から都市への大規模な人口移動が生じ，企業で働く人々が増大した。経済成長は著しく，働けばそれだけ高収入を得ることができ，物質的に豊かな生活が手に入るという時代であった。夫は家事・育児を妻に任せて企業戦士として懸命に働いた。妻には，夫がくつろげるような家庭をつくることが期待された。こうして性別役割分業型家族が広く浸透した。経済大国日本は，企業のために献身的に働く男たちと，家庭を守るその妻たちに支えられて達成されたといっても過言ではない。

3）国際女性年から1980年代まで

　1975年の国際女性年とそれに続く「国連女性の10年」には，男女差別の撤廃という立場から，あらゆる分野における男女差別を是正していくとともに，これまでの性別役割分業のあり方もとらえ直さなければならないという動きが活発になる。こうした背景には，女性の高学歴化や就業率の高まりがあり，仕事と家庭の両立のためには，社会と家庭における男女のあり方が根底から変わらなければならないという意識の高揚があった。男女の役割関係をジェンダー（社会的文化的性別）からとらえる視点も確立した。

4）1990年代から現在まで

　近年は，さらに新しい傾向が生じている。それは，生活編成の中心を個人価値の実現におく個人化の傾向である。家族の個人に対する拘束が弱まり，個人が家族から相対的自由になる傾向が強まっている。夫婦であっても「わたしはわたし」でありたいという思いが許容されるようになってきた。伝統的な性別役割規範が弱まる中で，個人の目的や価値の尊重と，夫婦としての共生のバランスをどのようにとっていくかが，今，夫婦関係の課題となっている。

2.　夫婦関係の発達

　夫婦の歴史は，生理的・心理的・社会的に固有な歩みを刻む個人と，親役割や夫・妻役割を遂行しながら家族の一員としての歩みを刻む個人の相互連関の

中でつくられる。その過程で，夫婦はさまざまな困難に直面するが，それを乗り越えられずに関係が悪化し，離婚に至る場合も少なくない。子どもの誕生は，夫婦にとって喜びではあるが，これまでの生活スタイルを大きく変更しなければならないという意味では，一つの危機でもある。

夫婦としての生活はこうしたことの連続である。特に，結婚，子育てとその終了，夫婦それぞれの老いは，夫婦関係に大きな影響を及ぼす出来事である。相手の意見を尊重しつつこれらに対応していくことは，夫婦双方の成熟につながる。以下，夫婦の各ステージにおける関係性と生活課題をみてみよう。

（1）新婚期の夫婦

図6-1は，末子の年齢段階別に結婚満足度の平均値をプロットしたものである。これをみると，子どもなしの新婚期と考えられるグループが最も結婚満足度が高い。

一方，この時期は，結婚前には見えなかった相手の考え方や行動が明らかになったりもする。現代は，9割近くが恋愛結婚である。自由な恋愛は，異なる家族的背景をもつ人々を結びつける可能性が高い。国際結婚も増加している。

異なる文化や環境で育った者同士が結婚して，互いに向き合い，共同生活を送る中で，家計運営，家事分担，食の嗜好性，親族との付き合い方などさまざまなことをめぐって，意見の対立が生じるだろう。その意味で，一種の異文化接触の時期ともいえる。結婚満足度が最も高く2人の関係が新鮮なこの時期の課題は，それぞれの生活習慣や行動スタイルを理解し合い，夫婦で新たな生活様式をつくり出していくことである。

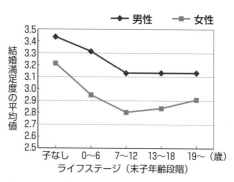

図6-1 男女別・ライフステージ別結婚満足度の平均値

注）「かなり満足」「どちらかといえば満足」「どちらかといえば不満」「かなり不満」に4，3，2，1の得点を配点したもの。調査時期は2004年。
出典）藤見純子・西野理子編『現代日本人の家族』有斐閣，2009，p.126

（2）子育て期の夫婦

　子どもの誕生により，夫婦は親になり，親役割を遂行しなければならない。しかし現代は，三世代家族が減少し，低年齢児と触れ合った経験がないまま親になる場合が多いことから，親への移行には困難が伴う。乳児の夜泣きや突然の発熱などに戸惑うことも少なくない。夫婦の協力でこうした事態を乗り切ることができればよいが，末子が就学前や小・中学生段階では，夫の仕事等の時間が長いという現実があり（総務省「社会生活基本調査」2021），早く帰宅して子育てを分担できる状況にはない。したがって，妻が中心に家事・育児を担うことになり，妻の関心は，夫よりも子どもに傾斜していく。家族関係も全体として夫婦中心から親子中心に移行する。

　末子0～6歳のグループで結婚満足度が低下しているのは，そうした事情が反映しているのだろう。末子7～12歳のグループでは結婚満足度はさらに低下し，全ステージを通して最低となっている。このステージでは，妻の6割以上が就業している（図6-2）。妻が仕事をするようになっても，夫の家事・育児分担が増加しないならば，「夫は仕事，妻は家事・子育て・仕事」という新性別役割分業の状態になる。妻の過重負担から，夫婦間に葛藤が生じることも多く，妻と夫の生活世界が分離する時期でもある。

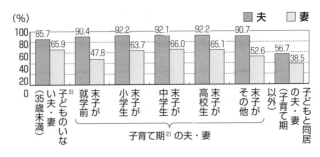

図6-2　ライフステージ[1] 別夫と妻の有業率（平日）

注1）本人の年齢や在学の状態，世帯内に配偶者および子どもがいるか否か，同居の子どもの年齢，就学・就業状態等によりライフステージを設定した。
　　2）30歳未満の無業の子どもと同居している場合をいう。
　　3）同一世帯に子どものいない夫・妻をいう。
出典）総務省統計局「社会生活基本調査」2021より作成

　子育て期全体を通しての課題は，夫が家事・育児を分担するとともに，夫婦で子育ての悩みや喜びを共有し，豊かな生活感情を育んでいくことである。

（3）子育て終了後の夫婦

　親役割の縮小は，配偶者の存在に目を向けさせることになり，夫婦が夫婦であることの意味を問うことになる。これから20年も30年も続く夫婦としての生活をどう築いていくのか，そのイメージを描いておかなければならない。また，このステージでは，夫婦で一緒に行動するなど，夫婦で楽しむ時間を増やしていくことが大切である。子育て期に離れてしまった関係をリセットし，それぞれ新たな人生を踏み出す者もいるが，そのような選択をする者は多くはない。さまざまな生活体験を積み重ねたがゆえの状況を考慮し，互いの言い分を認め合い，夫婦が折り合って暮らすための合意を形成していく必要がある。

　このステージで夫婦が直面する大きな出来事として，妻の閉経がある。閉経前後の期間は更年期と呼ばれ，卵巣機能の低下に伴い，個人差はあるが，ほてり，発汗，動悸，頭痛などの更年期症状が現れやすい。夫がこうした症状を一つの通過点として理解し，支援的な態度で接することができれば，更年期に端を発する夫婦間の問題を回避し，よい関係で高齢期に入っていくことができるだろう。

（4）高齢期の夫婦

　職業を引退した後，夫婦共に，家庭で過ごす時間が多くなる。欧米では，この時期を「第二のハネムーン」と呼び，夫婦で助け合って楽しく生活をする。しかし，わが国の場合は，必ずしもそうではない。夫が家事を分担し，妻の負担が軽減される場合はよいが，夫が現役時代のスタイルを定年退職後もそのまま維持し，妻の家事負担がかえって増えるようであれば，妻のストレスは高まる。夫が妻とともに家庭内役割を担うことができるかどうかは，高齢期の夫婦にとって重要な課題である。

　また，高齢期は，足腰が弱くなったり，耳が遠くなったりする。お互いの衰えを日々の暮らしの中で感じ取り，それぞれの生きた歴史を受容し合いながら情緒的交流を深め，ケアし合える関係を築いていくことが大切である。

3. 夫婦のパートナーシップの現状と課題

（1）夫婦の経済関係

　夫婦は，収入獲得の役割をどのように分担しているのだろうか。妻は，末子が学齢前の有業率はやや低いが，その他の子育て期のステージでは，5〜6割以上が就業しており（図6-2），妻も家計の一翼を担っている。2020年の「家計調査」（総務省統計局）によれば，2人以上の勤労者世帯の世帯主（夫）の月平均の収入は431,902円で，配偶者（妻）は89,812円である。夫婦の収入を100とした場合の妻の家計寄与率は20.8％となっている。妻の家計寄与率が低いのは，子どもの誕生後は退職し，子どもに手がかからなくなったら，パートで再就職するというライフコースを選択する女性が多いことと関連している。また，税制や社会保険制度とも無関係ではないだろう（コラム参照）。

> ### 103万円の壁，106万円の壁，130万円の壁
>
> 　本人の年収が103万円（給与所得控除65万円＋基礎控除38万円）以下であれば，年収に対して税金はかからない。さらに，その配偶者（ほとんどが夫）は，給与所得に応じて配偶者控除（最高は38万円）を受けることができるので，その分，夫の税負担が軽くなる。年収106万円と130万円は，国民年金の第3号被保険者や健康保険の被扶養者など社会保険に関する年収基準である。2016年10月から，従業員501人以上の会社に週20時間以上勤務・賃金が月額88,000円以上（年収106万円以上）・勤続年数が1年以上（学生は除く）の基準をすべて満たす短時間労働者は，配偶者（ほとんどが夫）の扶養から外れ，本人自らが社会保険料を支払うことになった。なお，従業員数については，2022年10月から101人以上，2024年から51人以上に段階的に引き下げられ，勤務期間は2か月以上に変更される。既述以外の従業員数の短時間労働者は，年収130万円以上になると，同様の措置となる。
>
> 　こうした事情から，働く妻は，年収が103万円以下や106万円未満，130万円未満になるよう就業調整をする場合がある。

（2）夫婦の家事・育児分担関係

1）家事・育児分担の現実

a. 夫が担当する家事・育児　図6-3は，七つの家事のそれぞれについて，夫が「週1〜2回以上」遂行すると答えた者の割合を表している。「ゴミ出し」や「日常の買い物」は，約4〜5割が週に1〜2回以上遂行しているが，「掃除」「炊事」「洗濯」など，日常的にほぼ毎日遂行しなければならない家事になると，約2〜3割に下がる。育児についても（図6-4），夫が担当しやすい育児とそうでない育児がある。「遊び相手」や「風呂入れ」など子どもとの接触が

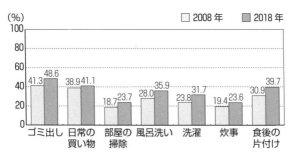

図6-3　夫の家事遂行割合（週1〜2回以上）

注）妻の年齢が60歳未満で，すべての家事の種類について回答しているケースを集計。集計対象者数は，2008年4,386名，2018年3,109名である。

出典）国立社会保障・人口問題研究所『第6回全国家庭動向調査』，2018より作成

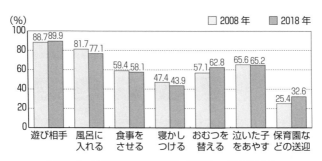

図6-4　夫の育児遂行割合（週1〜2回以上）

注）妻の年齢が50歳未満で子どもがあり，すべての育児の種類について回答しているケースを集計。集計対象者数は，保育園などの送迎を除く6項目については，2008年 2,442名，2018年1,670名。保育園などの送迎は，2008年1,806名，2018年1,327名である。

出典）国立社会保障・人口問題研究所『第6回全国家庭動向調査』，2018より作成

楽しめる育児は，約8～9割の夫が週に1～2回以上は遂行しているが「送迎」「寝かしつけ」，「食事」「おむつ替え」など大変な育児になると，遂行割合が下がる。

　家事と育児を比べると，育児の遂行割合のほうが高い。また，2008年よりも2018年のほうが，家事ではすべての項目において，育児では「おむつ替え」「送迎」などの3項目において，遂行割合が高くなっている。したがって，夫は，家事・育児に以前よりもかかわるようになった，とはいえる。

b．妻の就業形態別家事分担割合　　2020年の「国勢調査」（総務省統計局）によると，夫が就業者の世帯における夫婦共働きの割合は69.2％で，1995年以降，一貫して上昇している。では，妻の就業形態によって，夫の家事分担割合は異なるのだろうか。図6-5は，夫と妻の家事分担の合計を100とした場合の妻の家事分担割合を妻の就業形態別に示している。妻がパートや自営・家族従業員として働いていても，妻の家事分担割合は専業主婦の場合と大きくは変わらず，90％以上妻が担当という者が約6～7割近くを占めている。妻が常勤で勤務するようになると，夫の家事分担割合は増えるが，妻が100％担当してい

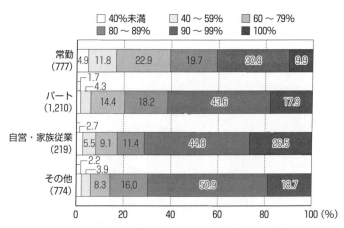

図6-5　妻の就業形態別にみた妻の家事分担割合

注）（　）内の数値は集計対象者数を表す。妻の年齢が60歳未満について集計。
　　四捨五入の関係で割合の合計が100にならないことがある。
　　「その他」の大多数は仕事を持たない，いわゆる専業主婦である。
出典）国立社会保障・人口問題研究所『第6回全国家庭動向調査』，2018より作成

表6-1　6歳未満児のいる夫の1日当たり家事関連時間の国際比較　　　　（時間：分）

日　本	アメリカ	イギリス	フランス	ドイツ	スウェーデン	ノルウェー
1：23	3：07	2：46	2：30	3：00	3：21	3：12
(0：49)	(1：11)	(1：00)	(0：40)	(0：59)	(1：07)	(1：13)

注1)（　）内は，うち育児の時間を表す。
　2) 日本の数値は，「夫婦と子どもの世帯」に限定した夫の1日当たりの「家事」「介護・看護」「育児」「買い物」の合計時間である。
出典) 内閣府男女共同参画局「男女共同参画白書」2020

るという者が約10人に1人は存在している。常勤で働く妻の過重負担の現状が明らかである。

c. 夫の家事・育児時間の国際比較　　学齢前の子どもがいる核家族の夫の育児時間は，1日当たり49分である。フランスを除く他の5か国と比べると少ない。家事等時間については，34分で他国の3分の1程度にすぎない。日本の夫の家事等時間の少なさが際立っている（表6-1）。

2）夫の家事・育児遂行を規定する要因

第1子出産前に就業していた妻のうち，出産後も継続就業する割合は，1985年以降約38〜39％で推移してきたが，2015〜2019年には69.5％に上昇した（国立社会保障・人口問題研究所「第16回出生動向基本調査」2021）。しかし，30.5％の妻は，出産退職をしている。子どもが中・高校生の段階になると，7〜8割近くが就業しているが，そのうちの半数近くがパートタイム等の就業者である。専業主婦や低い年収で働く妻に配慮した税制や社会保険制度もある。こうした状況が「夫は仕事中心，妻は家事・育児中心」という性別役割分業を常態化させる。しかし，家事・育児にかかわっている夫もいる。夫の家事・育児遂行を規定する要因については，いくつかの仮説がある（表6-2）。

ニーズ説とは，家族内における家事・育児の量が増えると，夫へのニーズが高まり，夫は家事・育児を遂行するという説，時間的制約説とは，時間の余裕のあるほうが家事・育児を遂行するという説，相対的資源説とは，資源を多く保有している者の力が強く，力の弱いほうが家事・育児をより多く負担することになるという説，ジェンダー・イデオロギー説とは，性別役割分業に否定的であるほうが家事・育児をより多く担っているという説，代替資源説とは，家事を代替できる者がいる場合は，夫の家事・育児の遂行度合が低いとする説である。

表6-2　夫の家事・育児に影響する要因についての仮説

仮　　説	要　　因
ニーズ説	乳幼児の有無，低年齢児の子ども数，要介護者の有無など
時間的制約説	妻の労働時間，夫の労働時間，夫の帰宅時間など
相対的資源説	夫婦の収入格差，年齢差，夫婦の収入割合など
ジェンダー・イデオロギー説	性別役割分業意識，家事観など
代替資源説	実母・義母など家事・育児を代替できる存在の有無

　日本家族社会学会が実施した第1回全国調査（NFJR98）の分析結果によると（永井，2004；松田，2004），夫の家事遂行については，6歳未満の末子の存在，夫と妻の労働時間の長さ，夫に対する妻の年収比，性別役割分業意識，母親同居の存在で，仮説が検証されている。夫の育児遂行については，末子の年齢，夫の労働時間の長さ，妻の就業形態（妻が常勤の男性は育児遂行度合が高い）で，仮説が検証されている。

（3）夫婦間のコミュニケーション

　夫婦間のコミュニケーションは，言葉だけではなく，まなざし，表情，態度などを通して行われるが，中心は言葉による会話である。言葉で伝えなければ本当の気持ちは理解できないし，誤解も生まれる。夫婦間の会話には，「知らせ合いの会話」（情報の伝達），「課題解決の会話」（課題解決のための意見交換），「情緒的治療の会話」（癒し効果をもつ会話）などがある。それぞれの会話が一方向ではなく，双方向で適切に行われることを通して，心の交流のある夫婦関係が形成される。

　最近の調査によると，心配事や悩み事を相談するかという質問に「よくある」と答えた妻の割合は，29歳以下では57.1％であるが，年齢が上がるとともにその割合は低下傾向を示し，70歳以上では22.7％になっている（図6-6）。妻は，年齢の上昇とともに，夫に対して癒し効果の会話をしなくなっていることがわかる。このことは，夫の会話態度とも関係していると考えられる。

　夫婦で会話する際の態度は対等で応答的でなければならない。一方が他方に対して威圧的であったり，聞くばかりであったりすると，会話は成り立たな

い。平山と柏木（2001）は，中年
期の夫婦を対象に，夫婦間コミュ
ニケーション態度の構造を「威
圧」「共感」「依存・接近」「無視・
回避」に分類し，「無視・回避」
は夫側，「共感」と「依存・接近」
は妻側の得点が高いことを明らか
にした。夫婦間コミュニケーショ
ンが非対称的に行われている現実
がクローズアップされた。また，
夫から妻への「共感」的なコミュ
ニケーション態度は，妻の経済的

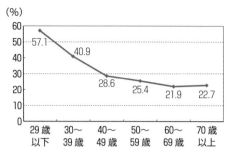

**図6-6　妻の年齢別「心配事や悩み事を相
談する」に「よくある」と答えた
割合**

出典）国立社会保障・人口問題研究所「第6回全国家
　　　庭動向調査」2018より作成

地位による影響を受け，妻の経済的地位が高いほど，夫は妻に対して共感的コ
ミュニケーション態度をとることも明らかになった。

　以上の知見は，夫を上位とみなす「夫唱婦随」的な意識が存在していること
を示唆していると同時に，妻が一定の経済的地位を確保することが夫婦関係を
対等にするための基本条件であることを示している。

（4）夫と妻のずれ

　夫と妻の結婚満足度をみると，どのステージにおいても，妻のほうが一貫し
て低い（図6-1）。結婚満足度は，子どもの誕生後の養育期で低下し，さらに教
育期で低下しているが，そのカーブは妻のほうが急激であるために，この二つ
のステージで，夫と妻のずれが最も大きくなる。子ども誕生後に夫婦とも結婚
生活評価が下がることは，同一夫婦を対象にした研究でも明らかにされている
（中澤ほか，2003）。

　夫婦間のずれは，結婚満足度だけではなく，性別役割規範，家族観，夫婦関
係についての評価などにおいて数多くみられる。性別役割規範や家族観では，
夫のほうが妻よりも伝統的で，夫婦関係についての評価では妻のほうが夫より
も低い評価をしているという点で，一致している。

　結婚当初は，大きなずれがなく夫婦としての歩みがスタートする。しかし，

子どもが生まれると，子育てや夫婦関係などのあり方をめぐって夫婦の間で違いがあらわになり，短期間で「私たち」は「私」と「あなた」に分裂してしまう。多くの場合，出産・育児により妻の環境は大きく変わるが，夫の環境は子どもが生まれる前後で大きく変わることはない。子育ては，楽しいことばかりではない。納得して仕事は辞めたものの，思いどおりにはならない小さな子どもの存在は，ときとして不満やストレスの源泉になることがある。子育て世代の夫の労働時間が長いことは，社会構造的な問題であり，社会的に解決していかなければならない。一方，個々の夫婦にとっては，大変な子育てをどうしたら「私たち」で実践できるかをよく話し合い，夫婦双方の立場を理解し，納得のいく役割分担の形をつくり出すことである。夫婦間のずれが長期にわたって続かないためには，まず，子育て期にずれが拡大しない方法を，個々の夫婦が見出していく必要がある。

（5）夫婦の性

　夫婦の性には，「生殖としての性」と「性愛としての性」がある。前者は，性関係の結果，子どもが誕生することであるが，後者は，愛情の表現行為として性関係があることを意味している。

　日本家族計画協会の調査によれば，16～49歳で婚姻関係にある者のセックスレス（日本性科学会では，セックスレスを「特別な事情がないにもかかわらず，カップルの合意した性交あるいはセクシュアル・コンタクトが1か月以上ない状態」と定義している）の割合は，近年，増加傾向を示し，2016年には47.2％になっている（図6-7）。セックスレスの理由は，男性では「仕事で疲れている」（35.2％），女性では「面倒くさい」（22.3％）「出産後なんとなく」（20.1％）などが多い。

　セックスレスが注目されがちで

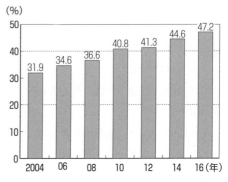

図6-7　有配偶者のセックスレス割合

出典）日本家族計画協会「男女の生活と意識に関する調査」各年版

あるが，愛情表現はセックスだけではない。言葉で愛を伝えたり，記念日には贈り物をしたり，一緒に出かけたり，スキンシップで親密感を表すなどいろいろある。夫婦の性関係は，むしろ，こうしたさまざまな愛情表現の中でこそ，豊かに育まれていくのではないかと考える。

4. ドメスティック・バイオレンス

（1）ドメスティック・バイオレンスの実態

　配偶者，同棲相手，恋人など親しい関係にある，またはあった者からふるわれる暴力を，ドメスティック・バイオレンス（以下，DVと表す）という。

　内閣府が2020年に行った「男女間における暴力に関する調査」によると，女性の約4人に1人は配偶者から被害を受けたことがあり，約10人に1人は何度も受けている。DVは意外と身近なところで生じている。また，男性も18.4％は被害経験がある（図6-8）。被害を受けたことのある人の中で，命の危険を感じたのは，女性18.2％，男性5.0％で，女性は男性の3倍以上いる。被害を受けた女性の41.6％，男性の57.1％はどこにも相談していない。配偶者か

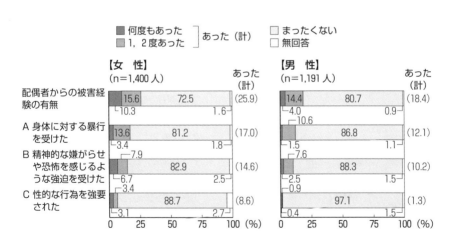

図6-8　男女別配偶者からの暴力の被害経験の割合

出典）内閣府「男女間における暴力に関する調査報告書」2021

ら最初に被害を受けて「別れた」のは女性16.3％，男性14.2％である。「別れたい（別れよう）と思ったが，別れなかった」のは，女性44.1％，男性23.7％で，女性のほうが圧倒的に多い。別れなかった理由は，男女とも，「子どもがいるから，子どものことを考えたから」が最も多く，女性71.3％，男性61.5％である。次に多いのは，女性では「経済的な不安があったから」（52.5％），男性では「相手が変わってくれるかもしれないと思ったから」（26.9％）である。配偶者から暴力を受けているのは，妻のほうが多く，また，子どもや経済的事情により暴力的な環境から抜け出せずにいた（いる）ことも明らかになった。

（2）なぜドメスティック・バイオレンスが起きるのか

　暴力は力の強い者から弱い者に対して行使される。DVの被害者は多くの場合女性である。夫がふるう暴力は，殴る，蹴るなどの身体的暴力に限らない。侮辱したり，脅したり，妻が働くことを妨害したりなどの非身体的暴力も行使しながら暴力がふるわれる。ミネソタ州ドゥルース市のグループが作成した

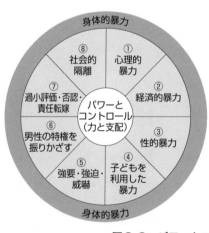

〈非身体的暴力〉
① 悪口を言う，欠点をあげつらう，罪悪感を感じさせる
② 仕事に就くことを妨害，生活費を渡さない
③ 性行為を強要する
④ 子どもの前で誹謗中傷する
⑤ 目つきや表情でおびえさせる，大切にしているものを壊す，ペットを虐待する，刃物をちらつかせる
⑥ 使用人のように扱う，男女の役割を一方的に決めつける
⑦ 暴力を過小評価，暴力はふるわなかったと言いはる，暴力の責任を回避したり女性のせいにしたりする
⑧ 行動を管理したり制限したりする，電話やメールをチェックする

図6-9　パワーとコントロールの車輪

注）ミネソタ州ドゥルース市のドメスティック・バイオレンス介入プロジェクト作成のものをもとに加筆修正
出典）「夫（恋人）からの暴力」調査研究会『ドメスティック・バイオレンス 新装版』有斐閣，1998，p.15〜20より加筆修正

「パワーとコントロールの車輪」は，夫が妻に対してふるう暴力の構造を明らかにしている。広く利用されているので紹介する（図6-9）。

　暴力という車輪を動かしているのは，男性の社会的・経済的・肉体的力（パワー）と男性による女性の支配（コントロール）である。パワーとコントロールで，女性に対して身体的暴力と非身体的暴力を行使する。非身体的暴力は外からは見えづらいが，陰湿で，自尊感情を傷つけ，自信を奪って無力感を与える。身体的暴力と非身体的暴力は，相乗作用で効果を高め合い，エスカレートしていく。さらに，暴力の車輪が抵抗なく速やかに回転していくのを助ける社会構造が存在している。男性が上位に女性が下位に位置し，性別役割分業が強固に存在し，女性の経済的自立が困難であることがきわめて大きい。社会の性差別的な構造がなくならない限り，DVを根絶することは難しい。

（3）ドメスティック・バイオレンスを防止するために

　2001年に「配偶者からの暴力の防止及び被害者の保護等に関する法律」（ドメスティック・バイオレンス防止法，以下，DV防止法と表す。配偶者暴力防止法ともいわれる）が成立した。その後4回の改正があり，保護命令の拡充や法の適用対象の拡大などが行われた。DV防止法では，配偶者等からの暴力を防止し，被害者の保護や自立支援を行うのは国や地方自治体の役割であることが明確にされ，緊急時に被害者や子どもの安全を守るための仕組みが整備された。配偶者暴力相談支援センターが，被害者の相談や一時保護，関係機関との連絡，さまざまな情報提供を行うなど，被害者支援の拠点となること，また警察においても，通報により，被害者の意思を踏まえ適切な措置を講じることとされた。被害者からの申立てにより，裁判所は，加害者に対し保護命令（「被害者への接近禁止命令」「被害者の子又は親族等への接近禁止命令」「電話等禁止命令」「退去命令」）を発令することができる保護命令制度もつくられた。

　生命の危機を感じるようなDVは，夫婦げんかなどではなく，重大な人権侵害である。暴力から逃れるためには，ひとりで抱え込まず，配偶者暴力相談支援センターに相談することが大切である。

■**学習課題**―――――――――――――――――――――――――――――――

　1．2021年の「第16回出生動向基本調査」（国立社会保障・人口問題研究所）
　　によると，第1子出産前に就業していた妻の69.5%が出産後も継続就業し
　　ている。2010年の調査では，その割合は43.4%であった。継続就業の割合
　　が増加した理由について考えてみよう。
　2．夫と妻の間には，夫婦関係の評価や考え方についての「ずれ」がある。
　　どうしたら「ずれ」を小さくすることができるかについて検討してみよう。

――――――――――――――――――――――――――――――――――――

【引用・参考文献】

井上輝子『新・女性学への招待―変わる/変わらない女の一生―』有斐閣，2011.

稲葉昭英,「夫婦関係のパターンと変化」渡辺秀樹・稲葉昭英・嶋﨑尚子『現代家族の構造
　と変容―全国家族調査［NFRJ98］による計量分析―』東京大学出版会，2004，261-276.

「夫（恋人）からの暴力」調査研究会『ドメスティック・バイオレンス―夫・恋人からの暴
　力をなくすために―』有斐閣，1998.

高橋保『夫婦学―離婚しない，離婚されないための生活講座―』三一書房，2007.

柏木惠子・平木典子『家族の心はいま―研究と臨床の対話から―』東京大学出版会，2009.

神原文子『現代の結婚と夫婦関係』培風館，1991.

永井暁子,「男性の家事・育児参加―男性の育児参加―」渡辺秀樹・稲葉昭英・嶋﨑尚子編
　『現代家族の構造と変容―全国家族調査［NFRJ98］による計量分析―』東京大学出版会，
　2004，190-200.

中澤智惠・倉持清美・田村毅ほか,「出産・子育て体験が親の成長と夫婦関係に与える影響
　(4) ―第一子出生後の夫婦関係の変化と子育て- 」『東京学芸大学紀要　第6部門』55,
　2003，111-122.

長津美代子『中年期における夫婦関係の研究―個人化・個別化・統合の視点から―』日本評
　論社，2007.

藤見純子・西野理子編『現代日本人の家族―NFRJからみたその姿―』有斐閣，2009.

平山順子・柏木惠子,「中年期夫婦のコミュニケーション態度：夫と妻は異なるのか」『発達
　心理学研究』12(3)，2001，216-227.

ベルスキー，J.・ケリー，J.，安次嶺佳子訳『子供をもつと夫婦に何が起こるか』草思社，
　1994=1995.

松田茂樹,「男性の家事・育児参加―男性の家事参加―」渡辺秀樹・稲葉昭英・嶋﨑尚子編
　『現代家族の構造と変容―全国家族調査［NFRJ98］による計量分析―』東京大学出版会,
　2004，175-189.

諸井克英『夫婦関係への誘い―揺れ動く夫婦関係―』ナカニシヤ出版，2003.

第7章 離婚・再婚とステップファミリー

1. 離婚の動向

　日本の離婚率は戦後に入って徐々に減少を続け，1963年の離婚率0.73を底に上昇に転じていくが，いわゆる高度経済成長期には低い数値にとどまっていた。1970年代半ばから離婚率は1.00を超え，1990年代に入って急激に上昇していく（図7-1）。2021年には離婚件数は約18万4,000件，離婚率は1.50となっている。「全国ひとり親世帯等調査」（厚生労働省，2016）によると，ひとり親世帯になった理由は，1983年には母子世帯・父子世帯共に約6割が生別であったのが，2016年には母子世帯で9割，父子世帯で8割である。

　近年の離婚の大きな特徴は，親が離婚した未成年子の増加である。「令和4年人口動態統計」（厚生労働省）の，結婚生活に入ってから同居をやめたときまでの期間別にみてみると，20年以上たって離婚に至った「熟年離婚」の増加も目立つが（2021年には19.0%），10年未満で離婚に至るケースが，5年未満が31.7%，5〜10年未満が19.9%である（図7-2）。また，同居をやめたときの年代別離婚率は，男性で30歳代，女性は20歳代後半と30歳代で高くなっている。

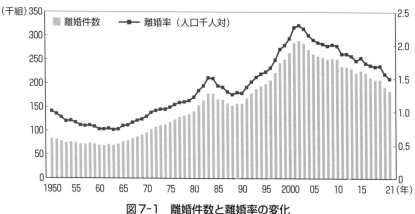

図7-1　離婚件数と離婚率の変化

出典）厚生労働省「人口動態統計」2022より作成

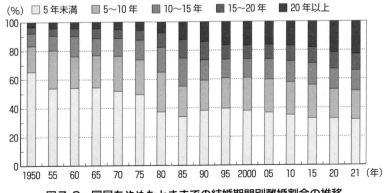

図7-2　同居をやめたときまでの結婚期間別離婚割合の推移

出典）厚生労働省「人口動態統計」2022より作成

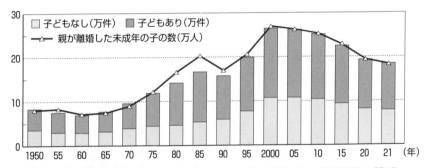

図7-3　親権を行わなければならない子の有無別にみた離婚件数と親が離婚した未成年子の数

注）親権を行わなければならない子（親が離婚した未成年の子）とは，20歳未満の未婚の子。
出典）厚生労働省「人口動態統計」2021より作成

　図7-3は，夫妻の離婚時の未成年の子の有無別に離婚件数を分けたものである。2021年の全離婚件数184,384件のうち，未成年の子がいるのは105,318件，未成年の子がいないのは79,066件である。離婚する世帯の約6割に未成年子が1人以上いることになる。2021年に親が離婚した未成年子の数は183,228人にものぼる。人口千人に対する割合は1960年には1.91‰であったが，90年代に入って急増し，2021年には5倍の9.13‰となった。

　以上みてきたように，未成年の子どものいる若年男女による離婚が過半数を

超えている。そして生別によりひとり親となった世帯が圧倒的に多くなっている。そこで近年，クローズアップされるようになってきたのが，離婚後に離れて暮らすことになった親（別居親）と子どもの関係である。これまでの離婚に関する研究では，離婚後に同居する親（同居親）と子どもに焦点を当てることが多かったが，離婚後の別居親子関係がどのようなものなのか，別居親は子どもにどのようなかかわりをすべきかということも，重要なトピックとなった。

　本章では，後述する再婚の増加もふまえ，離婚・再婚後の家族関係に着目する。離婚・再婚は，それまでの家族関係やメンバーそれぞれの生活に大きな変化をもたらす。その背景には，離婚・再婚後の家族関係を規定する法制度があることに目配りする必要がある。次からは，離婚に関する法制度の概要を論じたうえで，再婚の動向をふまえ，ステップファミリーが抱えやすい葛藤や困難についてみていくことにしよう。

2. 日本の離婚制度

（1）離婚の種類と方法

　離婚の方法には協議離婚・調停離婚・審判離婚・裁判離婚（認諾，和解，判決）の4つがある。2020年でみると，協議離婚は170,603件（88.3％），調停離婚は16,134件（8.3％），審判離婚は2,229件（1.2％），裁判離婚は4,287件（2.2％）である。

　裁判離婚には，不貞・虐待・遺棄・犯罪等の有責行為が配偶者になければ離婚請求が認められない「有責主義」と，特定の有責事由がなくても夫婦関係が破綻していれば夫婦双方に離婚を認める「破綻主義」がある。キリスト教義の影響により婚姻非解消の原則のもと有責主義をとっていた欧米諸国では，1960年代後半から70年代にかけて行われた離婚法改革により破綻主義に移行する。一方，キリスト教の伝統をもたない日本では，裁判離婚が明文化された明治民法で有責主義が採用されたが，明治後期には破綻主義的な解釈により離婚を認める判例もあらわれていた（太田，1956）。

　1947年施行の現行民法は，法定離婚原因として，①不貞行為，②悪意の遺棄，③3年以上の生死不明，④回復の見込みのない強度の精神病，⑤その他婚姻を継続し難い重大な事由をあげている（第770条）。④⑤により無責事由を規

定し有責主義から破綻主義へと移行したが，判例では長らく有責配偶者からの離婚請求を認めない消極的破綻主義をとっていた。1987年の最高裁大法廷判決において，条件付きで有責配偶者からの離婚請求を認める判決を機に積極的破綻主義の立場に転じる。1996年の民法改正案要綱では，婚姻破綻の客観的条件として5年以上の別居が加えられるなど，さらに破綻主義化が色濃くなっている。

　明治民法では協議離婚も導入された。現在も約9割が選択する協議離婚とは，結婚した夫婦が双方の合意のもとに離婚に至る方法である。現行民法にいたるまで維持されている日本の協議離婚制度は，離婚届出により婚姻解消が認められる手続きの容易さや，裁判所など第三者機関が介入しないという点で，諸外国と比べて特異な特徴を持っている（大村，2010）。日本では離婚するほとんどの夫婦が，お互いの協議・話し合いのみによって，離婚や離婚後の生活，家族関係にかかわる諸事項（親権・監護権，面接交渉権，養育費）を決断しなくてはならない。

（2）親権・監護権

　未成年の子がある場合には，離婚届に夫婦どちらかを親権者と指定しなければ離婚届は受理されない。親権とは，子どもの監護や教育をする権利と義務，子の財産を管理する権限を合わせたものである。婚姻関係が継続しているときは父母が共同して親権を行使する（共同親権）が，離婚後は父母のどちらか一方が親権者となる（単独親権，民法第819条第1項）。明治民法においては，婚姻中も離婚後も，原則父のみに親権が付与されていた。戦後もしばらくは父が親権を行う割合が高かったが，1965年を境に逆転し，母が親権者となる割合が高くなっている。2000年以降は，母のみが親権者となる割合が8割以上を推移している。欧米諸国では，1980年代以降から離婚後も共同親権・監護制に移行している中で，単独親権制を維持している点も日本の離婚制度の特徴といえる。

　親権・監護権の決定や変更に家庭裁判所がかかわる場合には，「子の利益」という観点から判断される。「子の利益」には，一定の年齢に達した子どもの意思を尊重する，乳幼児の場合は母親が優先される，子どもが生活する環境などの現状をできるだけ変えない，の三つの基準がある（大村，2010）。

（3）面会交流

　面会交流とは，親権や監護権のない親と子どもが直接会ったり，電話や手紙，メールなどを通じて連絡をとったりして，離婚後も関係を維持することである。親権のあるなしにかかわらず，離婚後も双方の親は，子どもに対して扶養義務がある。別居親は，同居親のように日常的に子の監護・教育にかかわることはできないので，面会交流や養育費の支払いを通じて扶養義務を果たすことになる。

　1989年に国連で発効された「児童の権利に関する条約」第9条第3項には，「父母の一方又は双方から分離されている児童が定期的に父母のいずれとも人的な関係及び直接の接触を維持する権利を尊重する」とある。この条項は離婚後の家族関係にも適用されるものであり，父母双方との関係を維持することは，子どもの基本的権利とみなされる。日本はこの条約に1994年に批准したが，非親権親と子どもとの面会交流や養育費支払いについては，協議離婚の際に夫婦間で明確な取り決めがなされないまま離婚に至るケースが多い。

　2000年代に入って家庭裁判所にもち込まれる面会交流事件は急増している。2012年と1999年を比較すると，父からの申立ては5.2倍，母からの申立ては2.8倍であり，父からの申立ての増加が際立っている（細谷ほか，2012）。離婚後に親権を失うのは父親が多いためであるが，男性の育児参加を奨励する社会の雰囲気が高まる中で，子どもとの愛着を形成した父親が，離婚後も子どもとの交流継続を望むことは十分に考えられる。家庭裁判所への申立てが急増した背景には，離婚時の葛藤を抱えた元夫婦間で，面会交流の取り決めを行うことの難しさがある。互いに激しく争って「子の奪い合い」に発展するケースもある。

　「全国ひとり親世帯等調査」（厚生労働省，2016）によれば，面会交流の取り決めをしていると回答したのは，母子世帯で24.1％，父子世帯で27.3％である。前回調査と比べると，母子世帯ではほぼ変動はないものの，父子世帯では取り決めをしている回答が1割強ほど増えている。実際に面会交流の実施状況をみると，「面会交流を行ったことがない」のは母子世帯で46.3％，父子世帯で32.8％である。行ったことはないという割合は減少し，その傾向は父子世帯で顕著にみられる。しかし，離婚直後には交流していても，時間がたつと徐々に減少する。面会交流を「現在も行っている」と回答した世帯の中で，離婚から

０～２年後と４年以降の面会実施状況を比べてみると，母子世帯では５割から2.5割へ減少，父子世帯では５割から2.5割に減少している。

（4）養　育　費

　養育費の支払い方法や支払い額についても，協議離婚の場合には夫婦が離婚時に取り決めをしているかを確認する第三者はいない。養育費の額は，家庭裁判所では簡易算定表によって算出されるが，協議離婚の場合は基本的に夫婦同士の交渉によって決定される。それが子どもの扶養にとって適正であるか，取り決めどおりに支払いが行われているかどうかをチェックする機関もない。

　養育費の「取り決めをしている」のは，母子世帯では42.9％，父子世帯では20.8％である。養育費に関しても，協議離婚の場合には，支払い方法や支払い額の取り決めをするケースは少ない。取り決めをしていない理由は，「相手とかかわりたくない」「相手に支払う意思や能力がないと思った」といったものである。

　養育費の受給状況は，「現在も養育費を受けている」のは母子世帯24.3％，父子世帯3.2％と開きがある。「養育費を受けたことがない」のは母子世帯で56.0％，父子世帯では９割にのぼる。養育費を現在も受けている，または受けたことがある世帯のうち，額が決まっている世帯の平均月額は，母子世帯で43,707円，父子世帯で32,550円である。

　離婚後の家族の問題として，相対的貧困の観点から注目されているのは，母子世帯の貧困率が突出して高いことである。日本の母子世帯の母親の就労率が高いことはよく知られているが，学歴や成育歴によって階層差が生じていることも指摘されている。2015年の母子世帯の平均年収は348万円，父子世帯は573万円である。児童のいる世帯の707.8万円と比べると，母子世帯の平均年収は５割程度しかない。母子世帯の母と父子世帯の父（同居親）が子どもについて抱える悩みのトップは「教育・進学」である。経済的困難を抱える中で，子どもに高等教育（高等専門学校，短大，大学・大学院）を受けさせたいと希望する父母は半数を超えている。

（5）親権のない別居親の喪失

　以上，日本の離婚制度を，離婚の種類と方法，親権・監護権，面会交流，養

育費に絞って概観してきた。当事者の合意のみによる届出だけで離婚の成立を認める協議離婚と，離婚後の単独親権を前提とする法制度が，離婚後の家族関係を大きく規定している。面接交渉権や養育費の支払いは，子の扶養に関して別居親がもつ権利と義務であるが，その履行を支える法的拘束力や制度的支援・サービスは乏しい。そのため，親権のない別居親と子どもとの親子関係は断絶されやすい状況におかれてしまう。

　両親の離婚によって一方の親を失うのは子どもにとって悲しくつらい経験である。そのうえ，離婚後も対立し，自分をめぐって争う両親の姿は，子どもをさらに深く傷つけることになる。

3. 再婚とステップファミリー

（1）再婚の増加とステップファミリーの顕在化

　次に，再婚の動向についてみてみよう。未婚化・晩婚化の進行により婚姻件数は減少しているが，再婚件数は増加している。図7-4は婚姻件数と再婚件数，および初婚と再婚の割合の推移をグラフにしたものである。全婚姻件数に占める再婚の割合も増加しており，2021年の全婚姻件数501,138件のうち，再婚件数は130,227件と全体の26％にあたる。そのうち，夫妻共に再婚が9.8％，夫が

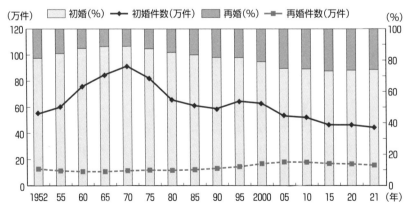

図7-4　夫妻の初婚──再婚の組み合わせ別にみた婚姻件数とその割合の変化

出典）厚生労働省「人口動態統計」2022より作成

再婚で妻が初婚が9.4％，夫が初婚で妻が再婚が6.8％となっている。つまり，1年に結婚するカップルのうち，およそ4組に1組が再婚である。

　前節でみたように，離婚時の年齢が若ければ，再び結婚という選択をとることもめずらしくない。このような，親の再婚などによって継親子関係が生じた家族のことを，ステップファミリー（stepfamily）という。血縁のない継親子関係が1組以上含まれる。同居親が再婚すると，子どもからすれば，同居親または別居親との親子関係，それぞれの再婚相手（継親）との継親子関係などの複数の家族関係がつくられる。別居親と継親のどちらが「親」なのか，家族のメンバーには誰が含まれて誰が含まれないのか，家族関係の再編をめぐって葛藤や困難に直面することになる。

（2）「不完全な制度」としてのステップファミリー

　1970年代から離婚・再婚が増加し，研究を積み上げてきたアメリカでは，ステップファミリーが初婚家族よりも離婚率が高く，家族形成が難しいといわれている。なぜなら，あらゆる社会制度が「初婚の両親がいる核家族」を前提につくられているため，ステップファミリーにとって適当な家族形成のモデルが社会に欠如しているからだという，チャーリン（Cherlin, A., 1978）の「不完全な制度」仮説が有力である。法制度や規範が欠如しているため，継親の適切な呼称や役割遂行のガイドラインがなく，日常生活に起こる問題を自分たちで解決しなくてはならない。

　日本の民法では，親の再婚によって生じた継親と継子は，法的には「親族」ではあるが「親子」ではないというあいまいなものである。親権のある同居親の再婚によってだけでは法的親子関係は生じないので，継親には同居親の子ども（継子）に対する扶養義務は発生しないし，親権・監護権，相続権もない。法的親子関係を形成するためには，新たに養子縁組をする必要がある。継親子間の養子縁組には，子どもが未成年の場合であっても家庭裁判所の許可を得る必要はない（民法第798条ただし書）。子どもが15歳未満であれば親権のある同居親の許可だけで縁組することができ，親権のない別居親の同意も必要ない（民法第797条第2項）。継親と継子の間に養子縁組が成立すると，別居親よりも継親の扶養義務が優先される。

　別居実親子の関係が途切れやすいのとは対照的に，容易な養子縁組手続きによって，継親は別居親に代わって継子との「親子」関係を築きやすい制度的環境におかれている（菊地，2017）。継親子間の養子縁組は再婚当初に成立することが多いが，その後子どもが未成年のうちに「離縁」となる件数も多い（菊地，2022）。このことからも，ステップファミリーの葛藤や困難は，継親子を実親子であるかのように当然視することによって生じているとみられる（野沢・菊地，2021）。

（3）初婚の家族関係と何が違うのか

　家族形成における葛藤や困難を理解するためには，ステップファミリーの特徴を知る必要がある。図7-5は再婚したばかりの時期にある，ステップファミリーの家族関係を図式化したもの（ダイアグラム）である。家族メンバー間に引かれている線は，親密さの程度によって太さが異なる。グレーの中に入っているのが同居しているメンバーである。以前の家族が離別か死別か，また，離別の理由や別居親と面会交流があるかどうかなど，ひとくちにステップファミリーといっても，個々の状況によって多様なダイアグラムになる。ここでは，同居している再婚夫婦は共に離別であり，前の結婚での子どもを連れてできたステップファミリーの例をあげて，初婚の家族関係とどこが違うか考えてみよう。

　まず，夫婦関係よりも夫婦とそれぞれの子どもとの関係のほうが線は太くなっている。離別した元夫婦関係は線が細かったり関係がなくなっていたりするが，別居実親子の間には太い実線が引かれている。そして，別居実親子の間の線は，点線で結ばれている同居継親子よりもずっと太い。子どもたちのきょうだい関係をみると，実きょうだい間は太い実線があるが，継きょうだい間は関係を示す実線が引かれていない。

　ステップファミリーの特徴の一つは，以前に異なる家族経験をもっているメンバーによってつくられるということだ。だから，特に再婚したばかりのころには，再婚夫婦や同居継親子よりも実親子や実きょうだいのほうが，歴史が長いぶん親密さも深く，以前の家族でつくられた家族文化を共有している。もう一つの特徴は，同居世帯の内と外に，実親子と継親子という複数の親子関係が存在するということだ。離婚・再婚によってつくられる複数の親子関係では，

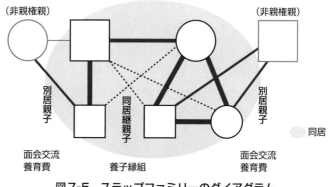

図7-5　ステップファミリーのダイアグラム

それぞれがどのような役割関係を形成していくのかという問題に直面すること
になる。

4. ステップファミリーの家族モデル

（1）継親が「親」の代わりとなる─代替モデル/スクラップ&ビルド型

　本節では，筆者らがこれまでに行ってきたインタビュー調査で得られた事例
を，2つの家族モデルに整理して紹介する（野沢・菊地，2021）。欧米諸国で単
独親権から共同親権・共同監護へと親権制度が切り替わるなか，法制度上で想
定される離婚後の家族の変容を指摘した，フランスの法社会学者テリーによる
2つの家族モデルを参考にしている（Théry, 1986）。ひとつは，継親をいなく
なった別居親の代わりと位置づけ，継子と「親子」のような関係を形成しよう
とする家族形成のパターンである。継親は継子の「親」代わりとして親役割を
果たすことが当然視され，再婚は両親がそろった初婚のような核家族が再現さ
れるイベントとみなされる。しかし，この代替モデルの採用こそが，継親や継
子に大きな心理的葛藤をもたらすことになる。

1）「母親」になることの葛藤─継母の事例

　2002年から2005年にかけて23名の継母に対するインタビュー調査を行った
ところ，葛藤や困難を抱えている継母に共通するポイントとして，夫や祖父母
から継子の「母親」の代わりとして母親役割を期待されていることがあげられ

る。継母自身も「母親」にならなければと思いつめることもある。このような
タイプの継母は，仕事を辞めて家事や子育てに専念するようになり，同居親で
ある夫よりも厳しく継子のしつけや教育にかかわるようになる。そのことがか
えって継母子関係をこじれさせる要因となる（菊地，2005）。

　継子はすでに以前の家族の中で生活習慣を身につけている。再婚後に新しい
ルールが決められて，それまで許されていたことが許されなくなったりする
と，継母に対する不満が蓄積されていく。例えば，食事のときに飲むことを許
されていたジュースを飲もうとしたら注意されたり，なじみのないメニューの
食事を残したことを叱られるなど。一つ一つは日常生活の中の些細な不満だ
が，継子が思春期になったときに大きな反発・反抗的態度として一気に噴出
し，継母との関係に亀裂が生じてしまう。

　助言や情報を求めて公的機関や家族支援機関の相談窓口を訪れても，継母が
「母親」であることを前提とした助言しかもらえず，かえって自己否定を強め
てしまう。

　　　──「ほかのお母さん，もっとやってます」と。「自分の人生を犠牲にし
　　てでも自分の子を見てます」みたいなことを言われたんですよね。（中略）
　　お母さんはきっと言わなくてもそう思ってるのは当然だからって言わないじ
　　ゃないですか。でも継母はそう思ってないだろう，育児もちゃんとやらない
　　だろうし愛情もないだろうという前提があるので，それを言われるんだろう
　　と思って……。（30歳代・継母）

「母親」となることを当然視する夫や祖父母，子どもが通う保育園・幼稚園
での職員やママ友，相談に出かけた公的機関などからは，継母の「母親」にな
れないという悩みは理解・共感されにくい。子どもがなつかないのは愛情が不
足しているからだと，継母自身に問題があるかのようにレッテルを貼られてし
まう。そのことをおそれて継子育ての悩みを誰にも打ち明けられずにいる。継
母は家族の中でも社会の中でもサポートが得られない，孤立した環境におかれ
やすい。

2）継親を「親」として受け入れることの葛藤─継子の事例

　2012年から2013年にかけて行った，ステップファミリーで育った経験をも
つ若年成人継子19名に対するインタビュー調査からは，初婚のような核家族

を再現しようとすることが，子どもにとっても葛藤や困難をもたらすことが示唆される（野沢・菊地，2014）。

　以下にあげた事例は，就学前に両親が離婚した後も別居実父との面会交流が続いていた20歳代女性の語りである。同居母の再婚を機に，別居父との交流は突然断たれ，大きな心理的動揺を経験した。にもかかわらず，いなくなった父の代わりに，同居する母の再婚相手である継父を，パパと呼んで「父親」として受け入れるよう期待された。

　　　──「今度からあの人がお父さんになるのよ」って，「パパって呼びなさい」って言われて，で，私はそのときに何も疑問に……，うーんと，私の中ではその，パパという人は本当の父ひとりだったので，えーと，その男性の名前にパパってつけて「何とかパパって呼べばいいの？」って何も疑問に思わないで言ったんです。（中略）母親から「何でそんなこと言うの？　パパでいいじゃない」ってものすごく怒られたんですね。（20歳代・継子）

　結局，不満をもちながらも継父を「パパ」と呼んでいたが，別居父との交流を断った実母に怒りと不信を抱き続けていた。このような同居母に対する反発心のために，継父のことは「父親」とは認められず，継父との関係は疎遠になってしまう。

　別居親とは面会交流や養育費支払いもなく，関係が途切れていればなおさら，継親が継子の親代わり（代替親）となることをまわりから期待されやすい。別居親への思慕をもち続け，再婚後も別居親のことを「親」と認識している継子に対し，突如継子の前に現れた継親がすぐに「親」として関係を築いていこうとすれば，困難を伴うのも不思議ではない。「初婚の両親がそろった家族」を再現しようとする代替家族モデルの採用は，結局，継親と継子の双方に大きな心理的葛藤をもたらしているのである。

（2）別居親も「親」であり続ける─継続モデル／連鎖・拡張するネットワーク型

　ステップファミリーの家族形成におけるもう一つのモデルは，離婚・再婚後も同居親と別居親が共に子どもとの親子関係を継続することを前提にして，継親はそこに後から加わったものと考える継続モデルである（野沢・菊地，2021）。

　前述した継母に対するインタビュー調査の中で，再婚夫婦それぞれの実子が

離婚後から別居親と定期的に面会交流を継続していた事例がある。再婚して8年目となり双方の実子が中学生となった当時も，別居親との交流は途切れずに継続していた（菊地，2009b）。別居母との関係継続が継母子関係にとってどのような影響を及ぼしたのか，継母が以下のように語っている。

　　——最初から母親，お母さんがいますからね。そのお母さんと会うことを禁じてないし，関係を断ち切らそうということを最初からしてないんで。（中略）彼（継子）にすごく何かを求めるということはなくて。……お互いの距離感みたいなものはしっかりできてるし。彼も安心なんだと思いますね。お母さんのところへ行くのに絶対文句も言われないし。(40歳代・継母)

　この40歳代の継母は，自分の役割は継子の普段の生活の面倒をみる「保護者」だと考えている。夫婦は互いの実子に対する養育・教育の主導権をもち，継親は同居親の子育てや別居実親子，そしてその親族との交流をサポートしている。継母は別居母との交流を阻害せず，あえて「母親」にならないスタンスをとることによって，かえって継子との信頼関係がつくられた事例である。親的立場にある複数の大人が，世帯を超えて子どもの親役割を分担・共有しているので，継母ひとりに負担が集中することもない。

　別居親との世帯を超えた交流継続は，子どもにとってもプラスにはたらくようだ。ステップファミリーの子ども調査の対象者19名の中で，離婚後から別居親と定期的に交流があるのは2名だけであった。別居親の存在は，同居親や継親との葛藤が高まったときの避難所となったり，自分が親となったときの役割モデルとなったり，社会人の先輩として仕事の助言をもらったりするなど，子どもにとって重要な支えとなっていた。別居親は亡くなったがその祖父母とのつながりを継続させていたケースもあった。別居親やその親族は子どもに対する経済的・情緒的サポートの提供源として機能していた（野沢・菊地，2014）。このことは，"世帯"という単位によって家族メンバーを限定するのではなく，むしろ世帯を超えて関係が維持される"ネットワーク"として，離婚・再婚後の家族をとらえる必要があることを示している（野沢，2011）。

5. 離婚・再婚後の家族関係のあり方

（1）離婚後の別居親子の関係継続を支える

　第4節第2項であげた継続事例（p.117）からは、継続家族モデルの実践にも大きな困難が伴うことも浮かび上がってきた。この40歳代の継母は、夫婦の離婚・再婚と親子の関係は別物と考え、離婚・再婚後も別居親子の関係継続を支えてきたが、別居親と子どもが会う日程や場所の交渉で相手の都合に振りまわされたり、養育費を含めた子どもの養育・教育にかかる経済的負担が一方的に偏っていることに不満を抱えていた。

　欧米諸国では、1980年代以降から離婚後も共同親権・監護制に移行しており、離婚後の別居親子の関係は維持されるべきだと強調されてきた。そのような国々でも、別居親と面会交流できない場合には、継親が代替親となり葛藤を抱えるケースもあるし、面会交流をしている場合でも、継親が別居親に嫉妬して継親子関係が不安定になるケースもある。だからこそ、離婚後の別居親子関係を支えるサポート・システムが整えられてきた。

　アメリカでも9割は協議離婚によって成立するといわれるが、その場合でも、裁判所の承認がなければ正式に離婚できない。裁判所から離婚の承認を得るためには、夫婦が離婚後の子どもの監護や面会交流の方法について、養育計画（ペアレンティング・プラン）と養育費の取り決めをして裁判所に提出し、それが認められなければならない。また、離婚前に親教育プログラムを受講することも義務づけられており、親の離婚が子どもに与える影響、離婚後の元夫婦による協力的な子育てのしかたやその重要性などを学ぶのである。

　日本以外にも協議離婚を認めている国もあるが、アメリカや韓国のように何らかの形で裁判所が介入することになっている。とりわけ未成年の子がいる場合には、子どもの利益を損なわないためにも、子の監護が離婚後も十分になされるかどうか、第三者が確認する必要があると考えられているからである。

（2）初婚家族幻想を乗り越える

　離婚・再婚は家族の多様化を推し進める要因の一つである。個人がよりよい

相手との理想的な家族生活を実現するための選択肢とみる見方もあるが，離婚・再婚後の家族に目を向けると，家族関係の再編に大きな葛藤や困難に直面していることがわかる。その葛藤や困難は，彼らを支える家族制度や規範がないことから生じている。多様な家族の出現は，制度的変化の契機でもある。ふたり親がそろった「初婚の両親がいる家族」を前提とした従来の制度や規範にとらわれることなく，柔軟な家族モデルを模索する彼らを支えていく必要がある。

2011年に民法等の法律を一部改正する法律が公布され，ようやく，面会交流や養育費は子の利益を最優先に考慮し定められるべきと，条文に明示されることになった（民法第766条第1項）。協議離婚の際にも，面会交流や養育費支払いについて取り決め，それを履行することで，両親の離婚により心理的打撃を受ける子どもに配慮しなくてはならないことが明記された。その一方，司法統計「家事調停事件の受理，既済，未済手続別事件別件数」によれば，家庭裁判所への面会交流の申立件数（総数）は，2012年の14,020件から2020年には22,039件へと増加している。

最近では，家庭裁判所における親権者の判断にも，親権のない親との交流を許容しているかどうか（面会交流の許容性）が重視されているという（二宮，2007）。2014年4月には全国の自治体に先駆けて，兵庫県明石市が「子ども養育支援ネットワーク」を創設し，未成年の子どもをもつ両親が離婚や別居に際して行う養育費や面会交流の取り決め，子どもの心のケアなどの支援をスタートさせた。ここ数年では離婚後の親子の面会交流を支援する団体が全国的に増え，2019年には各団体が行う支援の内容や質の適格性を認証する「面会交流支援全国協会（ACCSJ）」が設立された。

夫婦関係の終結とは切り分け，離婚後も継続する親子関係への認識は少しずつ広がっている。そして2022年11月現在，法務省法制審議会では離婚後の共同親権の導入について，議論が続いている。今後はより，子どもの意見表明権（児童の権利に関する条約12条）を尊重し，離婚後の子の監護に当事者である子どもの声をどのように反映できるかが問われている。

■学習課題

1. 諸外国の離婚制度を調べ，日本とどのように違うのか話し合ってみよう。
2. 114ページにあげたステップファミリーのダイアグラムをみて，初婚家族の関係とどのようなところに違いがあるのか，考えてみよう。

【引用・参考文献】

Cherlin, A., "Remarriage as an Incomplete Institution", *American Journal of Sociology*, 1978, 84(3), 634-50.

太田武男，『離婚原因の研究―判例の変遷を中心として』有斐閣，1956.

大村敦志『家族法 第3版』有斐閣，2010.

外務省ホームページ，「児童に関する権利条約―全文―」(http://www.mofa.go.jp/mofaj/gaiko/jido/zenbun.html，2013年11月30日取得)

菊地真理，「継母になるという経験―結婚への期待と現実のギャップ―」『家族研究年報』30，2005，49-63.

菊地真理，「再婚後の家族関係」野々山久也編『論点ハンドブック 家族社会学』世界思想社，2009a，277-280.

菊地真理，「ステップファミリーにおける家族形成と対処支援の研究―継母のストレス対処過程のメカニズム―」博士論文（奈良女子大学），2009b.

菊地真理，「ステップファミリーにおける継親子間の養子縁組と別居親子間関係―インタビュー事例に見る離婚・再婚後の家族形成と法制度―」，松岡悦子編，『子どもを産む・家族をつくる人類学―オールターナティブへの誘い』，勉誠出版，128-148，2017.

菊地真理，「ステップファミリーにおける養子制度の在り方―『連れ子養子』は子の利益になるか」『家庭の法と裁判』39号，2022，28-33.

Théry, I., "The interest of the child" and the regulation of the post-divorce family, International Journal of Sociology of Law, 1986, 14, 341-358.

日弁連法務研究財団 離婚後の子どもの親権及び監護に関する比較法的研究会編『子どもの福祉と共同親権―別居・離婚に伴う親権・監護法制の比較法研究―』日本加除出版，2007.

二宮周平『家族と法―個人化と多様化の中で―』岩波書店，2007.

野沢慎司，「ステップファミリーをめぐる葛藤―潜在する2つの家族モデル―」『家族〈社会と法〉』27，2011，89-94.

野沢慎司・菊地真理，『ステップファミリー――子どもからみた離婚・再婚』KADOKAWA，2021.

野沢慎司・菊地真理，「若年成人継子が語る継親子関係の多様性―ステップファミリーにおける継親の役割と継子の適応―」『明治学院大学社会学部付属研究所年報』44，2014，69-87.

細谷郁・進藤千絵・野田裕子・宮崎裕子，「面会交流が争点となる調停事件の実情及び審理のあり方―民法766条の改正をふまえて―」『家庭裁判所月報』64(7)，2012，1-97.

第8章 子育てと子どもの社会化

1. 「親になる」「親である」ということ

　私たちにとって「親になる」「親である」ということは，ただ生物学的な親であるだけでなく，多様な意味をもっている。子どもを育てるという行為には，喜びや楽しみ，不安や葛藤など，さまざまな感情がともなうだけでなく，役割や権利，義務といった実に多くの社会的行為が付随する。

　家族研究の領域で「子育て」を扱った研究は数多く，子どもを育てる側に注目したものだけでも，親や祖父母，地域ネットワーク，里親や児童福祉施設など，さまざまな立場から研究が行われてきた。本章では，その中でも母親と父親それぞれの視点でなされた研究の成果を紹介し，子育てと社会のかかわりについて考察していきたい。

（1）社会化のエージェントとしての親

　この世に生まれた赤ちゃんが成長し，社会の一成員として生活できるようになっていくことを「社会化」といい，その「社会化」の過程が起こる社会的文脈のことを，社会化のエージェントという。エージェントには保育所や幼稚園，学校，仲間集団，マスメディアなど多様な主体が含まれるが，その中でも「家族」は，子どもの社会化を集中的に担うエージェントとして位置づけられ，とりわけ母親は，その重要な担い手とみなされてきた。

　次節で詳しく述べるように，従来わが国では，「家庭保育」という考え方が重要視され，子どもは母親の手でケアされるのが望ましいと考えられてきた。それを可能にするために，母親は家庭で育児に専念しなければならず，仕事をもたない「専業母」は理想の母親像として，また，実際にも多数派を占めてきたのである。

　しかしながら，複雑化した現代社会において，母親が社会化を集中的に担うことには大きな困難が生じている。その最も痛ましい例は，近年増加を続ける

児童虐待といえよう。2020年度に起きた子ども虐待による死亡事例を検証した結果（厚生労働省専門委員会の第18次報告）によれば，主たる加害者は実母が最も多く，約半数を占める。その加害動機をみると，「泣きやまないことにいらだったため」が最も多いことがわかる。

（2）親としての発達

　子ども虐待の背景の一つに，親の「養育能力の低さ」があげられる。親の未熟さを指摘する声も大きい。心理学者のエリクソン（Erikson, E.H., 1977・1980）が提唱する発達理論の中では，「成人期」の課題として「世代性（生殖性）対停滞性」があげられており，「世代性」は最初に「次世代を確立させ導くことへの関心」と定義され，のちに「子孫を生み出すこと，生産性，創造性を包含するもの」と再定義された。親となった成人は，それまでに形成された自我の特質を生かしながら，自ら次世代に教え伝える役割を得て，新しい社会をつくり上げていこうとする。一方，次世代を育てることに関心がもてない場合，活力を失い「停滞」に陥ってしまう。

　しかし，妊娠・出産と同時に初めて親になる成人が，世代性への関心を育て，次世代を確立するという発達課題を達成することは容易ではない。そもそも現在のわが国では，子どもをもつ理由が，「自分のため」という私的なものである傾向が高く，子どもをもちたい理由をたずねた調査によると，最も多かった回答は，「自分の子どもが欲しいから」（70.6％），次いで「好きな人の子どもが欲しいから」（64.3％）であった（ベネッセ教育総合研究所「未妊レポート」2013）。

　エリクソンが「世代性」の意味を拡大したのは，当初は第一義的な親役割に焦点化されていたものを，親であることに限定せず，幅広い年代を含み得るものとしてとらえようとしたからである。実際，その後の調査研究によって，世代性への関心は「成人期」よりもむしろ，中年期後期から老年期にかけての年代で最も高いことが示唆されている。

　「自己」への関心が増大する現代社会において，次世代の担い手である子どもたちをどのように育んでいけばよいのか。以下では，母親研究，父親研究の成果から，そのヒントを探していくこととしよう。

2. 母親の子育て

(1) 母親による子育ては自然で自明なものか

　前述したように，わが国では「子どもは母親の手で世話されるのが望ましい」という考え方が広く浸透してきた。ここでは，そのような考え方を近代的母親規範と呼ぼう。近代的母親規範の根拠は「母性愛」であり，母性愛があるからこそ女性は，子どもの養育に専念するのが当然であるとみなされてきた。

　わが国では1960年代から70年代の高度経済成長期において，専業主婦の割合が戦後最大となった。図8-1は，1980年代から現在に至る，専業主婦世帯数と共働き世帯数の推移を示したものである。この図から，1980年代は多数派を占めていた専業主婦世帯数がしだいに減少し，1990年代を境にその数が逆転し，共働き世帯のほうが多くなったことがわかる。

　専業主婦世帯が減少するとともに，1980年代以降は「母性愛」に異議を申し立て，その自明性を問う研究が相次いで展開されるようになった。ここでは，それらの研究を二つの流れに分けてみていこう。

　第一に，家族の社会史的研究による歴史的相対化がある。そもそも「母性」

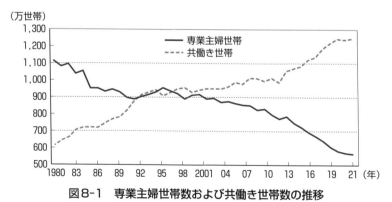

図8-1　専業主婦世帯数および共働き世帯数の推移

注）「専業主婦世帯」は，夫が非農林業雇用者で妻が非就業者（非労働力人口及び完全失業者）
　　の世帯。「共働き世帯」は，夫婦ともに非農林業雇用者の世帯。
出典）総務省「労働力調査」各年より作成

という言葉は，大正期にスウェーデンの思想家エレン＝ケイ（Key, E.）の modelskap（英語のmotherhoodにあたる）の訳語として登場し，「性」という字があてられたことから，生物学的な特質，女性が本能的にもつ愛情であるとみなされるようになり，昭和に入って定着した語である。とかく絶対視されがちな母性愛の神話に異議を申し立てたのは，アリエス（Aries, P.）やバダンテール（Badinter, E.）ら社会史や哲学の研究者たちであり，母性愛は近代の産物にすぎないことを主張した。もちろん，近代以前に親子の愛情がなかったわけではないが，重要なのは，歴史や文化，社会によって母性の扱われ方が異なることに気づかされたという点であろう。

　第二に，母親自身の心理的側面に着目した実証研究があげられる。代表的なものが牧野（1982）による育児不安研究である。育児不安とは，「育児の中で持続・蓄積された漠然とした恐れ」であり，そうした不安は，女性が「母」や「妻」などの家族役割から解放され，子どもと一定の距離をおいて「自分」の時間や，「自分」を表現する機会をもつことで軽減されることが明らかにされた。「母親が子どもから離れることがよりよい育児態度につながる」という知見は，社会的にも大きなインパクトを与えた。また，大日向（1988）による心理学的な母性愛研究も，母性の絶対性を疑う契機となった。

　これらのほかにも，育児ネットワーク研究や父親の育児をテーマとする研究が互いに影響を与えながら展開され，近代的母親規範の弱体化が促進された。また，1980年代以降は女性の高学歴化と職場進出という現実もそれを後押しし，1998年に発表された『厚生白書』（厚生省）において「三歳児神話に科学的根拠がない」と記述されるに至ったのである。

　それでは，現在の日本において，近代的母親規範は支持を失ってしまったといえるのだろうか。図8-2は，国立社会保障・人口問題研究所が5年ごとに実施する「全国家庭動向調査」のデータを示したものである。「子どもが3歳くらいまでは，母親は仕事をもたずに育児に専念したほうがよい」という考え方に対し，まったく賛成が23.4%，どちらかといえば賛成が47.8%，合わせると約7割の人が賛成と回答している（2018年）。3歳児神話や近代的母親規範がもはや支持されてはいない，とは言いがたい現状を確認することができる。

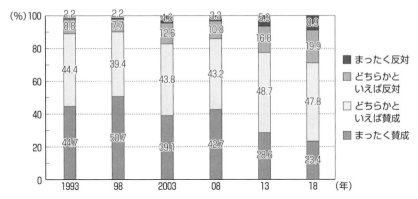

図8-2 「子どもが3歳くらいまでは，母親は育児に専念したほうがよい」と考える人の割合

出典）国立社会保障・人口問題研究所「全国家庭動向調査」（第1回〜第6回）より作成

（2）現代の母親研究

1980年代以降，建前では近代的母親規範が衰退したものの，現実には「子どもが小さいうちは母親の手で」と考える人は少なくない。いわば建前と本音の二重構造の中で，子どもを育てる母親たちの不安や葛藤はより増しているともいえる。

母親に対する過度な期待が弊害をもたらしている，と言及するのが本田（2008）である。本田は質問紙調査データの分析に基づいて，母親に「パーフェクト・マザー」であることを期待する社会の圧力が，女性に子どもをもつことを躊躇させたり，子どもをいったんもてば，就労から撤退することを選択させたりしている可能性があることを指摘している。また品田（2004）によれば，1970年代までは，労働をする母親たちの「風習の子育て」と，専門家が推奨する専業母たちの「科学的な子育て」という二つの基準があったのに対し，1980年代になると，専門家の子育て法が親主導から子ども中心へと変化したとしている。品田はこれを「超日本式育児」と呼び，常に子どもの欲求を優先させるべきという子育て法が，母親を疲労させていることを指摘している。

現在，わが国では子育て支援の取り組みが全国に広がりつつあるが，筆者はファミリー・サポート事業での聞き取りを通じて，母親を支援する場においても，近代的母親規範が効力を維持していることを明らかにした。女性が，今で

もなお「専業母」というライフコースを選択する背景には，仕事か子育てかという二者択一の状況があること，その状況に追い込まれた女性にとって，近代的母親規範はアイデンティティを維持する唯一の拠り所となっているのである（井上，2013）。

（3）多様化する母親への支援

　母親の孤立や孤独が指摘されるようになった1980年代ころから，母親同士が集まって共に子育てをしたり，子育ての情報を共有したりするネットワークづくりが進められてきた。それらは共同保育や育児サークルといった形で発展し，1990年代にかけて全国に広まった。

　2000年代に入り，そうした草の根の子育て支援活動はNPO法人（特定非営利活動法人）として実を結び，国や自治体と協働することによって制度化されていくこととなる。図8-3は，子どもの健全育成を目的とするNPO法人の数の推移を示したものであり，この20年で約30倍もに増加したことがわかる。

　現在，乳幼児を育てる母親たちにとって，居場所となっているのが「子育て支援センター」や「ひろば」である。「ひろば」はNPO等の多様な主体によって運営され，スタッフが常駐し，親子の見守り，相談や情報交換，親同士の交流のサポートをしている。このような「ひろば」が国の事業として全国に展開されるようになる契機となったのが，NPO法人びーのびーのによる「つどい

図8-3　子どもの健全育成を目的とするNPO法人数の推移

出典）内閣府「NPOホームページ」より作成

のひろば」である。2002年に，横浜市に住む子育て当事者である母親たち約20人が集まって，商店街の空き店舗を借りて「ひろば」の運営を始めた。この取り組みがモデルとして取り上げられ，行政との協働を通じて，全国に展開されていくこととなった。

　こうした活動は，当初は「専業母」による「専業母」のための子育て支援という側面をもつものであったが，現在では多様なライフコースを前提とした子育て支援活動が展開されるようになっている。例えば，NPO法人北海道ワーカーズ・コレクティブ連絡協議会のように，創設当初は生活協同組合員が活動する際に託児をしていたのが，徐々に活動の場を広げ，現在では保育所の運営を手がけるようになった事例もある。保育士や幼稚園教諭の資格をもつメンバーは，103万円の壁を超える収入を得て，経済的自立の可能性も見えてきた（井上，2020）。また，NPO法人新座子育てネットワークでは，妊娠・出産のために退職したものの，また社会に出て働きたいと考える母親たちが多いことに着目し，企業と連携し，インターンシップを派遣する事業を行っている。

　厚生労働省は2006年から，子育て中の母親の再就職を支援する「マザーズハローワーク」を開設した。キッズコーナーの設置など子ども連れでも来所しやすい環境を整え，個々の希望やニーズに合ったきめ細かな就職支援が行われる。2017年7月現在，全国に194か所のマザーズハローワーク（21か所）およびマザーズコーナー（173か所）が設置されている。

　以上の例はごく一部にすぎず，全国では実に多様な子育て支援の取り組みが展開されるようになっている。とはいえ，母親たちが現在でもなお「子どもは母親の手でケアされるのが望ましい」という規範に苦しめられていることもまた事実であり，今後は，多様なライフスタイルを前提とし，近代的母親規範を相対化する装置となるような母親支援が求められている。

3. 父親の子育て

（1）父親規範の変化

　前節では，近代的母親規範が根強く残る日本の現状について述べてきたが，「父親」についてはどのような変化がみられるのだろうか。以下では，父親研

究の成果についてみていくこととしよう。

　子どもの社会化の理論モデルを提唱したパーソンズ（Persons, T.）は，子ども
もの社会化において手段的機能である家族の外部状況への適応や集団の目標達
成は父親が担い，情緒的機能である家族成員の情緒の安定は母親が担うとし
た。しかし，このような見方は性別役割分業を固定化するものだとして，批判
にさらされることとなる。

　1970年代まで，「親」とは「母親」を意味し，親子関係の研究において「父
親」は不在であったともいえる。しかし1980年代に入ると，海外で行われた
父親研究の成果が日本にも紹介されるようになり，父親への関心が高まるきっ
かけとなった。初期には母親のサポート源としての父親の役割に焦点が当てら
れ，父親の子育てへの参加が，妻の心理面に肯定的な影響を与えていること，
などが指摘されてきた。その後，父親の子育てと子どもの発達面との関連をみ
た研究が行われるようになり，大学生（青年期）を対象としたものだけでなく，
しだいに乳幼児を対象とする研究が増えている。

　これらの研究とは別の流れとして，主として家族社会学の領域では「父親規
範」に関する研究も進められてきた。その先駆的な例として，春日（1989）は，
父子家庭の会に集うシングルファザーたちの語りを通じて，子どもを養育する
父親の困難や，子育ては母親がするのが当然だという社会のまなざしを描き出
した。

　1990年代になると，「望ましい父親像の変化」を指摘する研究がみられるよ
うになり，「職業と家庭の両方を効率的にこなし，子どもとより深くかかわろ
うとする父親」が「新しい父親像」として示された（柏木編，1993）。舩橋
（1997）も，父親に期待される子育て役割として，「権威としての父親（稼ぎ手・
子どもの社会化）」から近代家族の「父親不在（稼ぎ手）」の時代へ移行し，現在
では「新しい父親像（稼ぎ手・子どもの社会化・子どもの世話）」のあり方が模索
されていると指摘した。また，多賀（2006）は，戦後の父親言説について，
1970年代には，父親と母親の資質の違いを前提とし，しつけや教育において
母親には果たせない役割を父親に求める「権威としての父親」言説が広く流布
したのに対し，1990年代前後から新たに「ケアラーとしての父親」言説が広
まり，父親に世話役割が求められるようになったと論じている。

　実際に，牧野ほか（1996）による研究では，家庭優先，父親肯定感の高い父親ほど，子どもと接近し遊ぶことが多く，そのうえで，父親の働きかけへの子どもの反応性が高く，父親により満足を与えるため，密度の濃い父子関係をつくりやすいことが確認されている。

　このように，「ケアラーとしての父親」が望ましいとされる一方，わが国では現実に父親が子どもの養育にかかわる時間は少ない。本書の第6章や第9章で説明されるように，父親の家事育児時間は欧米諸国に比べて少なく，育児休業の取得率も低い水準にとどまっているのが現状といえる。

（2）現代の父親研究

　今日では，父親が子どもに与える影響や，父親と子どもの相互作用，父親個人の意識や行動などをテーマとする研究が多く行われている。

　父親個人の意識について，矢澤ほか（2003）は，30歳代から40歳代の父親のライフスタイル調査を行い，都市部に在住の父親は「育児が思うようにいかない」，あるいは「父親としての自信がない」などの悩みがあることを明らかにしている。さらに，父親の育児に対する意識を，「平等両立型」「二重基準型」「伝統役割型」の三つの類型に分けて考察し，「伝統役割型」の父親は，「父親としての自信」があまりなく，そのために「稼ぎ手」としての役割を懸命に果たすことで父親アイデンティティを保とうとしていることを指摘している。

　また，大和ほか（2008）は，父親の育児ストレスが生じる状況について，以下の四点を指摘している。第一に，「育児は母親の仕事」と思いながら，育児をせざるを得ない状況の中で，育児負担感が生じる。第二に，育児をしたいと思うのにもかかわらず，仕事のために育児にかかわれない状況の中で，仕事と育児の葛藤が生じ，育児意欲が低下する。第三に，育児に不慣れな状況の中で「育児疎外感」が生じる。第四に，育児は母親の仕事と思い込み，子どもと2人きりになる機会が少ない状況において，父子関係不安感が生じる。

　「ケアする父親」が望ましい父親像として人々に受け入れられるようになる一方で，現実に父親が育児にたずさわることにはさまざまな困難が伴う。それゆえ，父親自身が「ケアする父親」としてのアイデンティティを保つことは難しいことがわかる。

（3）父親支援の事例

　前節では，子育て支援のNPOについて述べたが，そこでは父親の役割として，あくまでも「妻の育児をサポートする」ことに主眼がおかれてきた。しかし近年では，父親たちが自らNPOを立ち上げ，当事者の視点から父親を支援する動きがみられるようになっている。

　NPO法人Fathering Japan（ファザーリング・ジャパン）は，父親の子育てを支援することを目的として2006年に創設された。「父親であることを楽しもう」という理念を掲げ，子育てパパ力検定（パパ検定）やファザーリングスクールの開催など，高い発信力をもとにイクメンブームを牽引してきた。事業の一つであるファザーリングスクールは，男性が育児を楽しむために必要なマインド（育児意欲を高める），スキル（子育て技術を習得する），知識（育児知識を学習する）を学び，ネットワークをつくることを通して，「笑っている父親」になれることを目的に実施されてきた。さまざまな領域の専門家を講師として，産後ケアや絵本，遊びなどを含む講義が行われる。

　また，全国フォーラムを開催し，自治体の担当職員（男女共同参画，子ども家庭支援，社会教育，労働政策等）やNPO，企業，学校等の関係者の参加を得て，父親支援の現状や方法（全国の取り組み）について学ぶ試みもみられる。父親支援のヒントを提供したり，さらには，連携のためのネットワーキングの場としても有効に機能している。

　さらに，ファザーリング・ジャパンの特長の一つは，多様なライフスタイルを前提とした父親支援にある。例えば，2009年にはシングルファザーの経済的支援である「フレンチトースト基金」を立ち上げ，多方面からの寄付を得ている（現在は全国父子家庭連合会へ引き継がれた）。また，「主夫の友」を結成するなど，家庭で家事育児に専念する専業主夫への配慮もみられる。

4. 子育てへの社会的支援

（1）子育て支援政策の展開

　第2節で述べたように，わが国では「子どもが小さいうちは母親の手で」という近代的母親規範が広く浸透し，家庭保育が自明のものとされてきた。現在

のように，すべての子育て家庭を社会的に支援するという視点は，比較的新しいものであるといえよう。戦後から高度経済成長期にかけては働く女性が増加し，子育て支援としては保育所の増設がはかられたが，保育所はあくまでも「保育に欠ける」子どものためのものであり，やはり母親が子育てをすることが前提とされていた。

そのような状況が変化し，総合的な子育て支援が政策目標として浮上してきたのは，少子化が社会問題としてクローズアップされるようになった1990年代以降のことである。1990年代以前の政策については井上（2013）で詳しく解説している。表8-1は，1990年代以降の主な子育て支援政策の動きを示したものである。以下では，1990年代以降から現在にかけての子育て支援政策の展開を，三つの時期に分けてみていくこととしよう。

1）1990年代〜少子化対策の始まり

1990年，前年の合計特殊出生率が過去最低を下回った「1.57ショック」を受けて，国は少子化対策に取り組むようになった。1994年には「エンゼルプラン」と同時に「緊急保育対策等5か年事業」が発表され，保育所の量的拡大や低年齢児保育，延長保育等の充実が目標として定められた。1999年には「新エンゼルプラン」が発表され，子育ての社会的支援という目標がより具体的に示されるようになった。

とはいえ，この時期の子育て支援政策は，主として出生率の上昇を目標とした少子化対策にとどまるものであったといえる。

2）2000年代〜総合的な子育て支援政策への転換

2000年代には「総合的な子育て支援」への転換が始まった。2003年には「少子化社会対策基本法」が制定され，内閣総理大臣を長とする少子化社会対策会議が設置された。2004年に発表された「子ども・子育て応援プラン」は，乳幼児の保育や子育て支援にとどまらず，若者の教育や自立，働き方の見直し等も含めた幅広い内容となった。また，2003年に制定された「次世代育成支援対策推進法」は，地方自治体に子育て支援計画の策定が義務づけられたことにより，国から地方自治体レベルにまで，子育て支援の理念や事業が広く浸透していく契機となった。

表8-1　1990年代以降の子育て支援政策

年	子育て支援政策	関連事項
1990		1.57ショック（1989）
1992		国民生活白書「少子化時代の到来，その影響と対応」
1993	「子ども家庭政策の基本理念」（子どもの未来21プラン研究会） ・家族全員参加型家庭	
1994	エンゼルプラン 「緊急保育対策等5か年事業」	国際家族年 厚生白書「未来をひらく子どもたちのために―子育ての社会的支援を考える」
1997	児童福祉法改正 ・保育所への入所措置→保育の実施	「国民生活選好度調査」 ・専業母に育児不安高い
1998		厚生白書「少子社会を考える―子どもを産み育てることに夢を持てる社会を」 ・3歳児神話の根拠を否定 ・育児負担感の強調
1999	少子化対策等推進基本方針 新エンゼルプラン	男女共同参画基本法の施行
2001	保育所待機児童ゼロ作戦	
2002	「少子化対策プラスワン」（厚生労働省） ・つどいの広場事業創設	
2003	「次世代育成支援対策推進法」 「少子化社会対策基本法」（議員立法）	「仕事と生活の調和に関する検討会議」（厚生労働省）
2004	「少子化社会対策大綱」 子ども・子育て応援プラン	「少子化社会白書」発表
2006	「新しい少子化対策について」（少子化社会対策会議） ・家族，地域のきずなの再生	
2007	「子どもと家族を応援する日本」重点戦略（重点戦略検討会議） ・国民の希望と現実の乖離 ・ワーク・ライフ・バランスが目標に ・生後4か月までの全戸訪問事業創設	「ワーク・ライフ・バランス」憲章・行動指針
2009	「みんなの少子化対策」（ゼロから考える少子化対策プロジェクト） ・当事者性の重視	
2010	子ども・子育てビジョン ・チルドレンファースト ・幼児教育と保育サービスの一元化 「子ども・子育て新システム検討会議」発足	「子ども・子育て白書」に変更
2012	・子ども・子育て関連3法の成立	
2013		「少子化社会対策白書」に名称変更
2015	・子ども・子育て支援新制度開始	

出典）井上，2015より転載

3）2010年～望ましい子育て支援の模索

　2010年代に入り，子育て支援政策において重要視されるようになったのが，「当事者」の視点であり，全国に広がった子育て支援のNPO関係者などから寄せられた意見を反映し，2010年に「子ども・子育てビジョン」が発表された。また，同年に発足したのが「子ども・子育て新システム検討会議」であり，同会議は「子ども・子育て新システムの基本制度案要綱」を発表し，2012年には子ども・子育て関連3法が成立した。2015年度には，子ども・子育て支援新制度がスタートし，すべての子ども・子育て家庭支援が目的として明示され，望ましい子育て支援のあり方が模索されている。

（2）これからの子育て支援

　最後に，今後の子育ておよび子育て支援において，重要と思われる視点を二つあげておきたい。第一に，「地域」という視点である。第2節では，親子の居場所づくりとして「ひろば」事業について触れたが，「ひろば」が広まる以前から，保育所や児童館，公民館などでは地域の子育て家庭に対する育児相談や，子育てサークル等への支援が行われてきた。2007年にはそれらの事業をまとめる形で，地域子育て支援拠点事業が創設され，2012年度の事業数は，ひろば型2,266か所，センター型3,302か所，児童館型400か所にまで増加した。さらに，2014年度には「一般型」と「連携型」に再編され，2021年度の設置数は一般型が6,833か所，連携型が1,023か所となり，全国に広まっている。

　第二に，「多世代」という視点である。都市部では待機児童問題も解消されておらず，働く親が，祖母や退職して余裕のできた祖父に孫育てを託す例も少なくない。最近では，男性シニアによる「イクジイ」や，祖父とソムリエをかけあわせた「ソフリエ」などの認定資格も生まれている。また，血縁によらない地域の支え合いとして，ファミリー・サポート・センター事業（ファミサポ）がある。これは子育てを援助したい人と援助してほしい人がペアを組み，援助のやりとりを行うというもので，援助する側は50歳代，60歳代の子育てを終えた女性が主な担い手となっている。シニア世代による子育て支援には「子どものよき遊び相手」という役割が大きいだけでなく，親の「相談相手」や「子育てのよきモデル」としての役割も求められている。また，近年では子どもの

育ちにとって多世代の交流が重要であるとの意識が高まり，シニア世代だけでなく，中学生や高校生，大学生といった若者による支援の取り組みも広がっている。

　子育て支援の現場ではよく耳にする言葉であるが，子どもの成長には親や教師といった縦の関係，友人といった横の関係だけでなく，第三者による斜めの関係が重要となる。とはいえ，さまざまな世代や立場の人々がかかわる場合，子育てに関する価値観や考え方の違いから，ジレンマや葛藤が生じることも少なくない。親と子だけでなく，親，シニア世代，若者世代といった多世代の交流を促進するコーディネーター役への期待が大きいといえる。

　本章では，母親と父親双方の視点からさまざまな研究の成果をみてきたが，その多くは，親のみで子育てを行うことの負担と困難を明らかにしていた。また，親の子育てを支えるさまざまな取り組みが展開されていることもみてきた。今後も，母親，父親，また家族そのものの多様化に応じた，多様かつ手厚い支援が求められる。例えば，地域で孤立しがちな親には，育児サークルや緩やかなつながりのもてるひろばなどの居場所づくりが必要であるし，やむなく出産退職をしたものの，またすぐに働きたいという親には，就職活動のために子どもをあずかる一時保育を充実させるといった支援や，企業との協働が求められる。実効性のある子育て支援を提供するためには，親一人ひとりのおかれた状況と多様なニーズを想像する力が必要となる。

　それと同時に，「子どもは親が育てる」ことを自明のものとしてきた社会のあり方を，一度疑う必要があるだろう。本章では触れることができなかったが，虐待などの理由で保護され，家庭から離れて，児童養護施設や里親のもとでケアを受ける子どもたちも年々増加する傾向にある。親が育てることを前提とせず，そのうえで，子育てを楽しみ，喜びを得ることができるような支援が求められる。本章の冒頭でふれたエリクソンは，子どもと親の相互関係の中で，親は子どもに与えるだけでなく，同時に得るものがあるからこそ，成人期の危機である「世代性」を乗り越えることができることを指摘している。

　深刻な少子化という現実の前で，とかく出生率の向上に目が向けられる今日ではあるが，子どもは「社会」のために存在しているわけでも，「親」のために存在しているわけでもない。子どもが子ども自身の人生をよりよく生きるこ

とができるよう，最も望ましい環境を構想することが求められている。

■学習課題────────────────────────────

　1．育児休業を取得した男性の手記（新聞記事やブログなど）を読み，プラス
　　面とマイナス面のそれぞれを抜き出して比較してみよう。
　2．自分の住む自治体で，どのような子育て支援が行われているか調べてみ
　　よう。

────────────────────────────────

【引用・参考文献】
井上清美，「子育て支援者の専門性を問う―ケア労働の再編と分業化の中で」相馬直子・松
　木洋人編著『地域子育て支援を労働として考える』勁草書房，2020.
井上清美，「子育て支援とファミリーサポート」岡崎友典・梅澤実編著『乳幼児の保育・教
　育』放送大学教育振興会，2015.
井上清美『現代日本の母親規範と自己アイデンティティ』風間書房，2013.
エリクソン，E.H.，仁科弥生訳『幼児期と社会1・2』みすず書房，1977，1980.
大日向雅美『母性の研究―その形成と変容の過程：伝統的母性観への反証―』川島書店，
　1988.
柏木惠子編『父親の発達心理学』川島書店，1993.
春日キスヨ『父子家庭を生きる―男と親の間―』勁草書房，1989.
品田知美『〈子育て法〉革命―親の主体性をとりもどす―』中央公論新社，2004.
多賀太『男らしさの社会学―揺らぐ男のライフコース―』世界思想社，2006.
パーソンズ，T.・ベールズ，R.，橋爪貞雄・溝口謙三・高木正太郎ほか訳『家族―核家族と子
　どもの社会化―』黎明書房，1981＝2001.
舩橋惠子，「父親役割の3類型」比較家族史学会報告資料，1997.
本田由紀『「家庭教育」の隘路―子育てに強迫される母親たち―』勁草書房，2008.
牧野カツコ，「乳幼児を持つ母親の生活と〈育児不安〉」『家庭教育研究所紀要』1982；3；
　34-56.
牧野カツコ・中野由美子・柏木惠子編『子どもの発達と父親の役割』ミネルヴァ書房，
　1996.
矢澤澄子・国広陽子・天童睦子『都市環境と子育て』勁草書房，2003.
大和礼子・斧出節子・木脇奈智子『男の育児・女の育児―家族社会学からのアプローチ』昭
　和堂，2008.

第9章 ワーク・ライフ・バランス

1. ワーク・ライフ・バランスとは

（1）「仕事と生活の調和」への関心の高まり

　私たちが所属する生活領域は，仕事に代表される公的領域と，家庭，趣味やボランティアを行う地域などの私的領域に分かれている。この二つの領域での生活のバランスをとることが現代の日本社会では困難であり，バランスのとれた生活を実現させることが重要な課題となっている。

　ワーク・ライフ・バランスとは，仕事と生活の調和のことであり，内閣府が担当している政策の一つである。内閣府の「仕事と生活の調和」のホームページでは，仕事と生活が調和した社会とは，「国民一人ひとりがやりがいや充実感を感じながら働き，仕事上の責任を果たすとともに，家庭や地域生活などにおいても，子育て期，中高年期といった人生の各段階に応じて多様な生き方が選択・実現できる社会」だと説明されている。

　高度経済成長期以降，日本社会では，「夫が外で働き，妻が家で家事・育児をする」という性別役割分業によって維持される家族形態が理想とされ，標準と考えられてきた。しかし現在では，このような夫婦の一方だけが働く家族よりも，夫婦が共に働く共働き家族が増加している。「男性雇用者と無業の妻からなる世帯（専業主婦世帯）」と「雇用者の共働き世帯」の推移をみると，「雇用者の共働き世帯」は，1980年以降増加を続け，圧倒的に多かった「男性雇用者と無業の妻からなる世帯」を1992年に抜いている。その後，1995年に「男性雇用者と無業の妻からなる世帯」が再び数のうえで逆転して以降は減少を続け，「雇用者の共働き世帯」の数は反対に増加しつづけている（第8章図8-1参照）。

　共働き家族の増加は，仕事と家庭生活をどう調和させていくか，という問題に直面する人々を増やすことにつながる。一方で，育児と仕事の両立の難しさから，結婚や子どもをもつことよりも仕事を優先する人や，2人目以降の子ど

もをあきらめる人もいる。

（2）「ワーク・ファミリー・バランス」から「ワーク・ライフ・バランス」へ

　共働き家族における女性の仕事と生活の調和に関して，長年問題とされてきたのは，家事・育児との両立の難しさである。専業主婦が家庭外で働くようになり，仕事もする兼業主婦が増えたことから，仕事と家庭生活（家事や育児，介護）をどう両立させるかということに直面する人々が増えた。すなわち，仕事と家庭生活の調和（「ワーク・ファミリー・バランス」）が，解決すべき問題として注目されはじめたのである。この段階では，特に仕事と子育ての両立が問題の中心であったことから，保育園や学童保育の設置など，親に代わって子どもの世話をする支援制度の充実や，出産後女性が仕事に復帰できる制度などが整えられていった。

　しかし，共働き家族にとって女性だけが仕事と子育てとの調和の実現を目指すだけでは不十分である。仕事と子育ての両立をしている女性から，子どもの父親である男性の育児協力不足が不満としてあがるようになった。不満はもっていても，男性の長時間労働の実情を目の当たりにすると，頼みたくても頼めず，父親に子育て参加を要求することはあきらめられていく。そして，多くの女性たちが子育てのために仕事を辞めて家庭に入るということになった。

　仕事に偏った生活の現状を，男性もよいことだと思っているわけではない。少子化の一因にもなっているこの状況を打開するには，仕事と子育ての両立をしている女性たちだけではなく，子育てに参加できない状況にある男性たちも含めて，仕事と家庭生活が調和できるようにしていかなければならない。また，独身者にとっても，仕事に偏った生活は好ましいものではなく，仕事と仕事以外の生活のバランスをとって生きることは大切なことである。こうして，「ワーク・ファミリー・バランス」から，「ワーク・ライフ・バランス」が目指されることになったのである。

（3）日本におけるワーク・ライフ・バランス施策

　日本におけるワーク・ライフ・バランス施策は，経済・財政，少子化対策，男女共同参画など仕事と生活の調和に関連する会議における議論を踏まえ，

2007年7月に設置された「仕事と生活の調和推進官民トップ会議」によって，同年12月18日に策定された「仕事と生活の調和（ワーク・ライフ・バランス）憲章」と「仕事と生活の調和推進のための行動指針」によって進められてきた。

1）ワーク・ライフ・バランス憲章

誰もがやりがいや充実感を感じながら働き，仕事上の責任を果たす一方で，子育て・介護の時間や，家庭，地域，自己啓発などにかかる個人の時間をもてる健康で豊かな生活ができるように，社会全体で仕事と生活の調和の実現を求めていかなければならない。ワーク・ライフ・バランス憲章では，仕事と生活の調和がとれている社会とはどのような社会なのかを明示している。

憲章では目指すべき三つの社会像が示されている。①就労による経済的自立が可能な社会，②健康で豊かな生活のための時間が確保できる社会，③多様な働き方・生き方が選択できる社会，である。

内閣府のホームページ「仕事と生活の調和」推進サイトでは，これらの社会像について次のように定義している。

就労による経済的自立が可能な社会とは，「経済的自立を必要とする者，とりわけ若者がいきいきと働くことができ，かつ，経済的に自立可能な働き方ができ，結婚や子育てに関する希望の実現などに向けて，経済的基盤が確保できる」社会である。

健康で豊かな生活のための時間が確保できる社会とは，「働く人々の健康が保持され，家族や友人などとの充実した時間，自己啓発や地域活動への参加のための時間などを持てる豊かな生活ができる」社会である。

多様な働き方・生き方が選択できる社会とは，「性や年齢にかかわらず，誰もが自らの意欲と能力を持って様々な働き方や生き方に挑戦できる機会が提供されており，子育てや親の介護が必要な時期など個人の置かれた状況に応じて多様で柔軟な働き方が選択でき，しかも公正な処遇が確保されている」社会である。

このような社会を実現させるためには，仕事と生活の調和の促進を，企業や個人を巻き込みながら社会全体の運動として広げていく必要がある。そのためには，企業とそこで働く者，国民，国，地方公共団体のそれぞれが取り組むべき具体的な内容について，明確に定めなければならない。そのために定められ

たのが「仕事と生活の調和推進のための行動指針（以下，行動指針）」である。

2）「仕事と生活の調和推進のための行動指針」

　企業と企業で働いている者がやるべきことは，生産性の向上に努め，職場の意識や職場風土の改革と，働き方の改革に自主的に取り組むことである。そして，健康で豊かな生活をするための時間を確保するために，長時間労働を抑制し，時間外労働を減らし，有給休暇の取得を促進することである。また，育児や介護の責任や負担を抱えている者のために，育児・介護休業や短時間勤務，テレワークや在宅就業など，個人の置かれた状況に応じた柔軟な働き方ができるように制度を整備することや，そのような制度を利用しやすい職場風土づくりに取り組むことである。

　国民がやるべきことは，個々人の多様性を理解し，互いに尊重し合い，自らの仕事と生活の調和のあり方について考え，周囲の理解を得ながらその実現を目指すことである。国は，各種制度の整備や企業への働きかけを行い，そして地方公共団体は，それぞれの実情に即して，仕事と生活の調和の実現に向けた住民の理解や合意形成を促進していく。

　さらに，社会全体として達成すべき目標を共有するために，行動指針では，政策によって一定の影響を及ぼすことができる項目について数値目標を設定している。また，進展度合いを測るために，「仕事と生活の調和」実現度指標も設定している。実現度指標は，人々の暮らし全般にわたる仕事と生活の調和の実現状況を測るものと，それを促進するための官民の取り組みによる環境の整備状況を測るものから構成されている。

2. ワーク・ライフ・アンバランスな国，日本の現状

（1）性別役割分業意識の強い日本

　現代の日本社会では，ワーク・ライフ・アンバランスな状況が常態化している。日本社会のワーク・ライフ・バランスを悪くしている原因の一つは，社会に根強く残っている性別役割分業意識である。

　「夫は外で働き，妻は家庭を守るべきである」という性別役割分業意識について，1979年から2016年までの変遷をみてみよう（図9-1）。

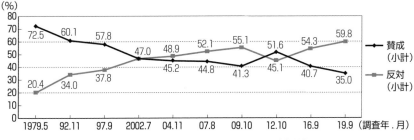

図9-1　性別役割分業意識の変化（全体）

注）調査では，性別役割分業意識に対して「賛成」「どちらかといえば賛成」「どちらかと
　　いえば反対」「反対」「わからない」の5つの選択肢が用意されている。グラフは，「賛
　　成」と「どちらかといえば賛成」をあわせたものを「賛成」とし，「反対」と「どち
　　らかといえば反対」をあわせたものを「反対」として作成している。

出典）1979年は総理府「婦人に関する世論調査」，1992年は総理府「男女平等に関する世
　　論調査」，1997年以降は内閣府「男女共同参画社会に関する世論調査」

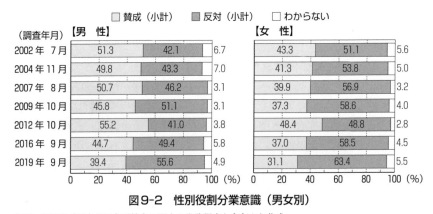

図9-2　性別役割分業意識（男女別）

出典）内閣府「男女共同参画社会に関する世論調査」各年より作成

　1979年の調査では7割を超える者が性別役割分業意識に賛成していたが，
1992年には賛成の者は6割に減少し，2002年には5割を切っている。その後，
2009年まで賛成の者は減少を続けるが，2012年の調査では，5割を超える者
が賛成するようになっている。賛成する者が再び5割を超えたことに対して
は，考え方が保守化し，性別役割分業を望む者が増えたとの解釈が主流であ
る。また，性別役割分業タイプの家族を形成することが困難な状況の中で，
「そうなればいいのに」という願望のあらわれという見方もある。2016年の調

査では再び反対が5割を超えるが，賛成も約4割で性別役割分業意識の根強さ
がうかがえる。

　以上が全体の傾向であるが，性別役割分業意識は，性別によって異なる。次
に，男女別に性別役割分業意識の傾向をみてみよう（図9-2）。

　男性の場合，反対する者が過半数を超える2009年，2019年と，5割弱の
2016年の3回の調査以外は，賛成が多い傾向がある。一方，女性では7回の
調査のいずれにおいても反対する者のほうが多い。2012年の調査では，反対
と賛成がほぼ同じくらいであったが，2019年では反対が6割となっている。
二つのグラフから性別役割分業に対する考え方は性別によって異なり，男性の
方が性別役割分業を肯定する者が多いことがわかる。そして，このような意識
の違いは，実際の生活にも影響している。

（2）生活時間にみる，夫婦間のワーク・ライフ・アンバランス

　総務省が実施している「社会生活基本調査」の1991年と2021年のデータを
用いて，夫婦の生活時間の配分を比較してみよう。

　「社会生活基本調査」では，人々の活動を三つに分類している。睡眠や食事
など生理的に必要な活動である「1次活動」。仕事や家事など社会生活を営む
うえで義務的な性格の強い活動である「2次活動」。1次活動や2次活動以外
で人々が自由に使える時間における活動「3次活動」である。この3分類のう
ち，義務的性格の強い活動である「2次活動」について，夫婦と子どもの世帯

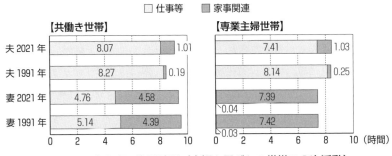

図9-3　夫と妻の生活時間（夫婦と子どもの世帯の2次活動）

出典）総務省「社会生活基本調査」各年より作成

の夫と妻の時間配分をグラフにしたのが図9-3である。

　まず，妻が専業主婦である世帯のグラフをみると，夫と妻では生活時間の配分が異なることがわかる。夫は，仕事に関連した時間に1日の3分の1弱にあたる7時間41分を費やしているのに対して，専業主婦の妻は，家事に関連した活動に7時間39分の時間を費やしている。夫と妻は別々の生活領域でそれぞれの役割を遂行しているのである。

　次に，共働き世帯のグラフをみると，夫が2次活動に費やしている時間は，専業主婦の世帯と類似している。一方，共働きの妻は，2次活動の時間配分が専業主婦の妻とは大きく異なっている。2021年では，2次活動全体で9時間34分を費やしており，その内訳は，仕事と家事がほぼ半分ずつになっている。夫と妻で比較すると，1991年でも30年後の2021年でも，夫のほうが仕事に費やしている時間は長いが，2次活動の合計時間は妻のほうが長いことがわかる。夫は義務的活動のうち仕事時間が非常に長く，家事関連の時間が極端に短い。それに対して，妻は仕事と家事に同じくらいの時間を費やしている。

　このように，妻の就業の有無にかかわらず，夫と妻では生活時間の配分が異なっており，「夫が外で仕事，妻は家庭で家事・育児・介護」と生活領域が分離していることがわかる。このような夫婦の生活領域の分離はいつごろから生まれてきたのだろうか。

（3）夫と妻の生活領域の分離

　夫と妻の生活領域の分離には，サラリーマンが誕生したことが関連している。サラリーマンが働く場である会社は，通常，生活をしている家とは別のところにある。サラリーマンという働き方が誕生したことによって，職場と住居が分離している人々が多くなった。そして，サラリーマンと結婚した妻の多くは，家事や育児に専念する専業主婦になった。俸給生活者（サラリーマン）は，大正時代に誕生しているが，当時はまだ少数の人しか就けない職業であった。1960年代の高度経済成長期に，サラリーマンの夫と専業主婦の妻という組み合わせの夫婦が大量に誕生した。そして，サラリーマンの夫，専業主婦の妻，子どもが2人という家族形態が，標準的な家族としてさまざまな社会制度をつくっていくときの基準にされるようになった。こうして標準的な家族形態にお

ける夫や妻の生き方が，望ましい生き方として普及していくことになった。結婚したら男性は家族のために外で働き，女性は育児や家事をして家族の世話をするようになり，夫婦それぞれが生活する領域は明確に分離することになったのである。そして，自分の果たすべき役割を遂行するそれぞれの生活領域で，多くの時間を費やすことになり，夫と妻のワーク・ライフ・バランスは，夫はワークに，妻はライフ（ファミリー）に偏り，ワーク・ライフ・アンバランスが常態となっている。

3. 子育てとワーク・ライフ・バランス

（1）結婚後の女性のライフコース

　生活領域の分離は，人々の結婚後の生き方にも影響する。特に，結婚してから仕事と子育てをどのように組み合わせて生きていくのかという，女性のライフコースの選択に影響を与えてきた。

　国立社会保障・人口問題研究所が実施している「出生動向基本調査」では，

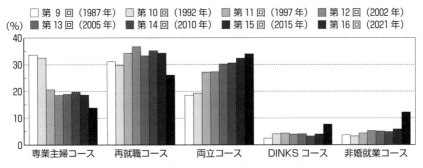

図9-4　未婚女性の理想ライフコース

注）「専業主婦コース」＝結婚し子どもをもち，結婚あるいは出産の機会に退職し，その後は仕事をもたない。
　　「再就職コース」＝結婚し子どもをもつが，結婚あるいは出産の機会にいったん退職し，子育て後に再び仕事をもつ。
　　「両立コース」＝結婚し子どもをもつが，仕事も一生続ける。
　　「DINKSコース」＝結婚するが子どもはもたず，仕事を一生続ける。
　　「非婚就業コース」＝結婚せず，仕事を一生続ける。
出典）国立社会保障・人口問題研究所「出生動向基本調査」各年より作成

未婚女性に対して「理想とするライフコース」，「そうなりそうなライフコース（予定ライフコース）」について調査を行っている。女性がたどる主なライフコースは，「専業主婦コース」「再就職コース」「両立コース」「DINKSコース」「非婚就業コース」の五つが想定されている（図9-4，注））。

まず，未婚女性たちが理想と考えるライフコースからみていこう（図9-4）。「専業主婦コース」は，第10回までは一番支持を集めていたが，第11回からは2割程度になっている。これとは対照的に第11回から増えているのが「両立コース」である。第9～15回までに3割前後の支持を集めているのが「再就

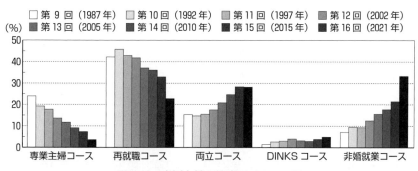

図9-5　未婚女性の予定ライフコース

注）コース分けは，図9-4に同じ。
出典）国立社会保障・人口問題研究所「出生動向基本調査」各年より作成

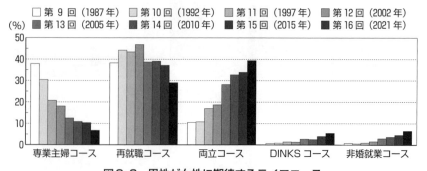

図9-6　男性が女性に期待するライフコース

注）コース分けは，図9-4に同じ。
出典）国立社会保障・人口問題研究所「出生動向基本調査」各年より作成

職コース」である。

　次に，実際になりそうな人生である予定ライフコース（図9-5）では，第15回までは「再就職コース」を支持する者がいちばん多いが，第16回では「両立コース」よりも少なくなった。また，「非婚就業コース」を選ぶ者が「理想」よりも大幅に増加し，最も多くなっている。最近の未婚化傾向を受けて，結婚しないかもしれないと考える未婚者が増えているためであろう。

　男性が女性に期待するライフコースをみると，「専業主婦コース」を望む者は減少し，第15回までは「再就職コース」を望む者が4割近くいたが，第16回では「両立コース」が最も多い（図9-6）。

　以上から，令和に入ると変化の兆しがみられるが，昭和から平成の時代には女性も男性も，女性は結婚または出産したらいったん家庭に入って家事や育児に専念し，子育てが一段落したら再び仕事をするという生き方を望ましいと考えていることがわかる。では，女性は，実際にはどのような働き方をしているのだろうか。

（2）母は，子育て期は家庭に

　1992年について，女性の年齢を5歳ずつに区切って，働いている者の割合をグラフにしてみると，アルファベットのM字のような形になっている（図9-7）。このグラフの形は，何を意味しているのだろうか。

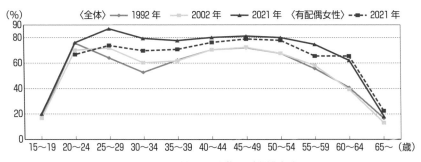

図9-7　女性の年齢階級別労働力率

注）有配偶女性15〜19歳の労働力率は，分母が小さいために比率が計算されていない。
出典）総務省「労働力調査」各年より作成

　20歳代前半には，ほとんどの者が仕事に就いている。20歳代後半から30歳代前半にかけては，仕事をしている者の割合が減り，ここでM字の谷間ができる。そして，30歳代後半から40歳代後半にかけて仕事に就いている者が徐々に増え，50歳代後半以降になると仕事をしている者が減っている。20歳代後半から30歳代前半にかけて仕事をしている者が減る理由は，結婚や妊娠，出産を機に女性が仕事を辞めて家庭に入ったからである。つまり，このグラフのM字形は，女性が，先にみた「再就職コース」に沿った働き方をしていたことを示している。

　次に，1992年，2002年，および2021年の女性の年齢階級別労働力率のグラフから，29年間で女性の働き方がどのように変化したのかをみてみよう。まず注目されるのは，M字の谷が年々上昇していることである。1992年では30歳代前半で52.7％しか働いていなかったが，2021年では79.4％の者が働いている。

　このように，2021年は，1992年のグラフのようなM字の形は崩れ，20歳代にピークをもつ台形のような形になっている。一方，夫がいる女性の労働力率をみると，いったん仕事を辞めて家庭に入るというライフコースを選択する者が多くはないが存在していることがわかる。子どもが小さいうちは，女性は子育てを中心にした生き方をするのが望ましいと考え，そのような働き方をする者がまだいるのである。そして，子育てを母親が主に担当している現実が，夫婦間のワーク・ライフ・アンバランスを生み出す原因となっている。

（3）イクメンの誕生と父親の育児休業取得

　1999年に「男女共同参画社会基本法」が制定された。その前文には，「男女が，互いにその人権を尊重しつつ責任も分かち合い，性別にかかわりなく，その個性と能力を十分に発揮することができる男女共同参画社会の実現は，緊要な課題となっている」と述べられ，第6条では，「男女共同参画社会の形成は，家族を構成する男女が，相互の協力と社会の支援の下に，子の養育，家族の介護その他の家庭生活における活動について家族の一員としての役割を円滑に果たし，かつ，当該活動以外の活動を行うことができるようにすることを旨として，行われなければならない」と，家庭生活における活動と他の活動の両立の必要性が指摘されている。

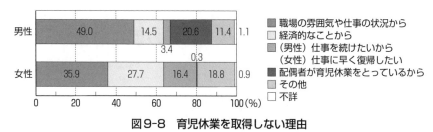

図9-8　育児休業を取得しない理由

出典）厚生労働省「第1回21世紀出生児縦断調査（2010年出生児の概況）」2012

　家庭生活と他の活動との両立とは，ワーク・ファミリー・バランスのことをさしているが，現在では，家庭生活にかかわっていない男性の家庭生活への関与を増やすことが目指されている。特に乳幼児をもつ父親が，子育てに参加することが求められている。父親の中には，積極的に子育てに参加する者も出現しており，マスコミなどでその様子が取り上げられ紹介されるようになっている。特に注目されているのが「イクメン」である。「イクメン」とは育児を楽しむ男性のことで，2010年に流行語大賞のトップテンに選ばれるほど話題になった。

　では，実際に「イクメン」は増えているのだろうか。男性の育児休業取得率の推移をみてみよう。「育児休業，介護休業等育児又は家族介護を行う労働者の福祉に関する法律」（育児・介護休業法）が改正された2005年度には，男性の取得率は0.5％であった（女性は72.3％）。2007年度には男性の取得率は1.56％と1％を超えるが，年によって変動がみられる。「イクメン」が話題になり出した2009年度には1.72％にまで増え，2016年度の取得率は3.16％であった。2021年度には13.97％に増えてはいるものの，男性の育児休業の取得が遅々として進まない理由は何だろうか。

　厚生労働省が実施した「第1回21世紀出生児縦断調査（2010年出生児）」によると，育児休業の制度はあるが取得しないのは，「職場の雰囲気や仕事の状況」（49.0％）が最も多い理由であった。女性の場合でも，35.9％の者が育児休業を取得しない理由として，男性と同様の理由をあげている（図9-8）。女性でも取得しにくいと感じている育児休業を取得することは，男性にとってはさらに困難なことなのである。

4. ワーク・ライフ・バランスのよい家族を つくるために

（1）ひとつ「働き方」を変えてみよう！

　内閣府は，仕事と生活の調和（ワーク・ライフ・バランス）推進のための国民運動として，「カエル！ジャパン」キャンペーンを2008年度から行っている。「ワーク・ライフ・バランス憲章」および「行動指針」に基づく取り組みを加速するために，2008年1月，内閣府に「仕事と生活の調和推進室」が設置された。この推進室では2008年度を「仕事と生活の調和元年」と位置づけ，個々の取り組みの支援とそのネットワークの構築を推進すること，「憲章」と「行動指針」をより多くの人に理解してもらい，社会全体での取り組みを推進するため，ポータルサイトの開設や連続シンポジウムの開催などを国民運動の一環として展開した。

　この国民運動をいっそう効果的に推進するために「カエル！ジャパン」というキーワードのもと，集中キャンペーンを実施している。現状を変えようとすることは勇気のいることであるが，「カエル！」と称してカエルのキャラクターを用いて愛嬌をもって呼びかけるとともに，言葉の洒落は，難題にもユーモアをもって明るく臨み，ホップ・ステップ・ジャンプと躍進する蛙の力にもあやかりたいという願いが込められている。

　この「カエル！ジャパン」のキャッチフレーズが，「ひとつ『働き方』を変えてみよう！」である。「ひとつ」という言葉がもつ意味，「まずは～してみよう」「ちょっと～してみよう」という意味と，数字の一つとして「できることをまず一つ」という2種類の意味をもたせている。国民が受けとめやすい「呼びかけの言葉」であると同時に，受け取り手の「呼びかけに応える気持ち」や「変えてみようと思う本人の内なる声」を表現しているものである。

　育児休業の取得はなかなか難しくても，日常の生活の中で変えられそうなところからやっていこうという呼びかけである。そして，「カエル！ジャパン」キャンペーンに賛同し，仕事と生活の調和の実現に向けた具体的なアクションを起こす意思がある企業，団体，個人が登録して参加するキャンペーンも，ホ

ームページを利用して展開している。

（2）仕事と生活の調和が実現した社会を目指して

　現代の日本社会では，多くの人々が複数の生活領域を行き来しながら生活している。既婚か未婚か，女性か男性かにかかわらず，ワークとライフのバランスをどう調整するかという課題に，誰もが多かれ少なかれ悩んでいる。

　第1節でみたように，「夫が外で働き，妻は家庭で家事や育児をする」といった家族よりも，夫婦が共に働く家族が主流になりつつある。夫と妻が別々の生活領域で役割を遂行することが前提となっていた生活スタイルや制度では，個々の家族生活も社会全体もうまくいかなくなっている。すなわち，現代の日本の社会は，ワークとライフのバランスが悪い社会であることを認識し，少しでもバランスをよくするために，私たちや社会が行動を起こさなければならない状況にある。

　政府は，仕事と生活の調和を実現するための方向性を示し，さまざまな制度を整えてきているが，男性の育児休業の取得率の低さが物語っているように，制度があっても利用されていないのが現状である。それは，有給休暇も同様である。

　日本では，旅行などの余暇を楽しむために有給休暇を取得しにくいことは周知の事実である。このような状況を改善するために，観光庁，内閣府，厚生労働省，経済産業省が共同して，「ポジティブ・オフ」運動を提唱・推進している。有給休暇を取得しやすい職場環境や雰囲気を整えていくこと，それをベースとした外出・旅行を通じて経済活性化に貢献すること，長期的には，ワーク・ライフ・バランスの実現や休暇を楽しむライフスタイルの創造などの「ライフスタイル・イノベーション」につなげていくことが目的である。2022年9月現在，1,902の企業や団体が賛同している。

　「カエル！ジャパン」キャンペーンや「ポジティブ・オフ」運動を政府が展開しているが，企業もノー残業デーの実施や，男性の育児休業取得の原則義務化などを実施している。これらに続いて，私たちが自分の生活を見直し，積極的に変える努力をする必要があるだろう。

　今ある価値観や制度に合わせているのでは，ワーク・ライフ・アンバランス

な状況は変わらない。ワーク・ライフ・バランスをよくする第一歩は，どんな家族生活を望むのか，それを実現するためにはどんな制度が利用できるのか，足りないのか，どんな制度があれば実現できるようになるのかを個々人が考えること，そして行動をすることが必要であろう。

■学習課題

1. 「仕事と生活の調和推進のための行動指針」で設定されている数値目標と実現指標について調べてみよう。
2. 卒業後の人生年表を描いてみよう。そこに描いた人生を実現するには，ワーク・ライフ・バランスにかかわるどんな制度を利用することになるのかを調べてみよう。

【引用・参考文献】

岩上真珠『ライフコースとジェンダーで読む家族（第3版）』有斐閣，2013.

大沢真知子『ワークライフバランス社会へ―個人が主役の働き方―』岩波書店，2006.

大沢真理『男女共同参画社会をつくる』日本放送出版協会，2002.

落合恵美子『21世紀家族へ（第4版）』有斐閣，2019.

河合蘭『未妊―「産む」と決められない―』日本放送出版協会，2006.

内閣府「仕事と生活の調和の実現にむけて」（http://wwwa.cao.go.jp/wlb/index.html，2014年1月21日取得）

パク・ジョアン・スックチャ『会社人間が会社をつぶす―ワーク・ライフ・バランスの提案―』朝日新聞社，2002.

第10章 親のケアにかかわるということ

1. ケアの意味

(1) ケアと介護

　平均寿命の伸びにより，子ども世代は何らかの形で高齢の親のケアにかかわることが多くなった。老いるということは，自然の動物界においては，生きていくことができず，死に直結することを意味する。しかし，人間は，認知症になっても寝たきりになっても，さまざまなケアを受けながら，残存能力を維持・活用し，人としての尊厳を保ちつつ，生きていくことができる。高齢者をケアするということは，人間にしかできない大切な営みであるといえる。

　英語のケア（care）を辞書で引くと，「世話をする」のほかに，「気づかう」「心配する」の意味がある。介護は，「病人や心身に障害のある人に付き添って日常生活の世話をすること」（『明鏡国語辞典』大修館書店）とある。ここから判断すると，ケアには，世話に加えて気づかいや配慮が含まれるのに対し，介護は，世話の側面が強調されている用語ということができる。しかし，実際の介護は，気づかいや配慮なくして行うことができない。介護の領域では，要介護者に対して言葉かけをして，気づかい，配慮をしながら介護を行うことは，当たり前のこととなっている。したがって，現在は，ケアと介護はほぼ同義に使われていると考えてよい。本章では，介護で気づかいや配慮など情緒的な側面を強調したい場合には「ケア」を用い，ほかは「介護」を用いることにする。

(2) 介護の否定的評価と肯定的評価

　介護にはさまざまな内容がある。身体介護についてみると，入浴介助，身体の清拭，体位交換，衣服の着脱介助，食事介助，排泄介助，洗顔，口腔ケアなどがある。生活支援としては，買い物，食事の支度，洗濯，掃除などが，情緒的支援としては，気づかい，話し相手，声かけなどがある。要介護度が上がるほど重労働となり，時間もかかるようになる。「要介護度別にみた同居の主な

介護者の介護時間の構成割合」(厚生労働省「国民生活基礎調査」2019) によれば，要介護度が上がるほど介護時間は長くなり，要介護5では，「ほとんど終日」が56.7%，「半日程度」が12.8%で，この両者で7割近くを占めている。介護サービスを活用していたとしても，家族の負担はきわめて重い。

　そうしたことから，これまで，介護負担感や介護ストレスなど介護の否定的評価に関する研究が多く行われ，その現実が明らかにされてきた。結果は，家族の負担を和らげるためのサービス資源の増加という政策提言につながった。しかし介護担当者は，「疲れる」「拘束される」「健康が損なわれる」など否定的評価だけをしているわけではない。「達成感がある」「価値がある」「成長できる」などの肯定的評価もしている。肯定的評価は，介護者の自己価値や自己有用感を高め，要介護者との信頼関係を築くことに寄与することにもなる。したがって介護は，否定・肯定の両面から包括的にとらえていく必要がある。

(3) ケアと感情労働

　アメリカの社会学者ホックシールド (Hochschild, A.R., 1983 = 2007) は，感情労働を「相手の中に適切な精神状態をつくり出すために，自分の感情を促進させたり抑制したりしながら，自分の外見(表情や身体的表現)を維持することを要求する労働」と定義している。代表的な職業として，客室乗務員や集金人を提示しているが，ほかにも感情労働が求められる職業は多数存在する。

　脱産業化傾向が強まった現代社会では，肉体労働や頭脳労働だけではなく，対人サービスの中で自己の感情を管理する労働の必要性は，むしろ高まっている。医師，教師，看護師，介護福祉士，ホームヘルパー，保育士などは，対人関係において，感情労働が強く要求される職業である。家族における高齢者のケアにおいても，この考え方を適用することができる。

　表10-1は，家族における高齢者のケアを，肉体労働，頭脳労働，感情労働の視点から例示している。これをみると，介護者が自分の身体と頭脳と感情を使ってケアを行うことによって，高齢者に対する総合的なケアが可能になることが理解されよう。

　では，家族間介護において，感情労働はどのような項目で把握できるのだろうか。小林・長津 (2013) は，介護職や看護職を対象にした先行研究，家族間

介護者を対象とした詳細なインタビュー調査および計量調査から，表10-2に示す感情労働尺度を作成した。

表10-1　肉体労働・頭脳労働・感情労働からみた家族における高齢者ケアの例

	肉体労働	頭脳労働	感情労働
労働の内容	入浴介助，排泄介助，食事介助などをする	学習や情報を収集して，よりよいケアのあり方について考え，計画を立てる	要介護者を理解して，よい精神状態にするために，自分の労働を管理する
使用されるもの	自分の身体	自分の知能	自分の感情
生産されるもの	要介護者の清潔と健康の維持	要介護者の立場に立ったケアの計画	要介護者の意欲の向上や精神の安定

表10-2　家族間介護における感情労働尺度

理解対応
・介護対象者の性格を理解している
・介護対象者の過去の社会的立場や人間関係を理解している
・介護対象者の気持ちの変化を敏感に感じ取ることができる
・介護対象者の視点で物事を考える
・介護者として自分の長所や短所をよく理解している
・言葉ではっきりいわなくても介護対象者のニーズを探り出すことができる
・介護対象者が気持ちよく過ごすための工夫をしている
・介護対象者との間に対立や問題が起こっても対処することができる
・介護対象者のやる気を引き出すことができる

プラスの感情維持
・ストレスの多い状況でもやる気を失わずにいられる
・落ち込んでもうまく立ち直ることができる
・状況によっては自分の感情を抑えることができる

マイナスの感情抑圧
・介護対象者の前では怒りやつらさなどの否定的な感情を隠す
・心に感じていることとの違いを自覚しながら感情を表す
・いらいらしていても，心が穏やかであるふりをする

出典）小林由佳・長津美代子，「中年期における親の介護と感情労働についての考察」『群馬大学教育学部紀要　芸術・技術・体育・生活科学編』48, 2013, 222

「当てはまる」「少し当てはまる」「あまり当てはまらない」「当てはまらない」に各4，3，2，1を配点し，合計得点を算出した。女性介護者のほうがマイナスの感情抑圧得点が高いこと，主な介護者のほうが補助的な介護者よりもすべての領域の感情労働得点が高いことなどが明らかになった。

2. 親との居住距離とケア

（1）親と子どもの居住距離

　65歳以上の親と子どもの居住距離について，親の立場からみてみよう（表10-3）。高齢者の35.9％は子どもと同居している。別居している場合は，その約25％が隣居，26％が近居，44％が遠居である。親世代と子世代が緊密さを保ちつつ，容易に援助ができる適度な居住距離の目安として，「スープの冷めない距離」という言葉がある。それを近隣地域までの範囲内での別居とすると，その割合は高くはない。子ども側の居住地には，勤務地や住宅所有地などの問題が絡んでくるので，なかなか理想どおりにはいかないのが現実である。

表10-3　65歳以上の者の子との同別居状況と「別居の子のみあり」の場合の子の居住場所

〈子との同別居状況〉		〈「別居の子のみあり」の子の居住場所〉	
同居の子のみあり	21.2	同一家屋	3.1
同居・別居の子あり	14.7	同一敷地	4.1
別居の子のみあり	36.0	近隣地域	17.7
子どもなし	19.0	同一市町村	26.3
不明	9.1	その他の地域	44.4
		居住場所不詳	4.4
計	100%	計	100%

出典）厚生労働省「国民生活基礎調査」2019より作成

（2）同居・近居・遠居とケア

　親との居住距離によってケアの内容は異なる。生活的援助と身体的援助は，居住距離が近いほどよく行われている。一方，情緒的援助については，30分

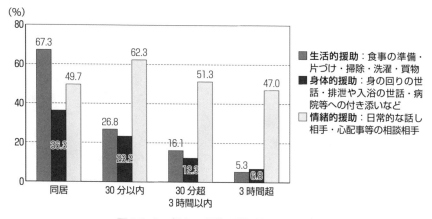

図10-1　親との居住距離別援助の内容

注）同居は同一敷地内を含む。対象者は40〜64歳の女性815名
出典）第一生命経済研究所「ライフデザインレポート」2005，165，p.19より作成

以内の近居で最もよく行われており，ほかは大きな差がない（図10-1）。最近は，携帯電話やeメールを使用したりしている高齢者も少なくない。情報機器等の発達により，情緒的援助については，遠く離れていても可能であることが示唆されている。

（3）遠距離介護

　子どもが多かった時代は，近くに居住する誰かが親のケアをした。近年は，子どもが少なく，しかも，その子どもは都会で生活し，親は遠く離れた田舎の郷里で生活しているという場合が少なくない。親が元気な間はそれでもよいが，高齢になり，見守りや介護が必要になる時期がやがてはやってくる。そのときの選択肢としては，次の四つがある。

　①今までどおり親子は別々に暮らす，②親が子どもの家やその近くに越して暮らす，③子どもが親の家やその近くに越して暮らす，④親は施設で暮らす。親がこれまでの生活を捨てて，友人・知人もいない子どもの居住地で生活を始めることには困難を伴う。子どものほうも，定年退職で仕事を辞めて郷里に帰るということは考えられるが，現役で働いている場合は，親の近くで生活をすることは難しい。今までどおりの生活をするか，施設に入居するかであるが，

親が住み慣れた場所を離れたくないということであれば，前者を選択することになる。遠距離介護の始まりである。

　遠距離介護の内容は，親の要介護状態，介護者の状況，きょうだいとの関係，これまでの親とのかかわりなどによってさまざまである。10人いれば10通りの遠距離介護のやり方があろう。以下は，東京に住むSさん（女性，60歳）の例である。

　　——母親は郷里である北九州の田舎でひとり暮らしをしていた。要介護1で，ホームヘルパーとデイサービス，配食サービスを利用し，隣に住むAさんの支援も得ながら，しばらくは落ち着いた日常を送っていた。車で1時間くらいのところに住む長男夫婦の訪問を楽しみにしていた。94歳のある日，胸部圧迫骨折で入院となった。その後退院となったが，ひとり暮らしのため自宅には戻れず，有料老人ホームに入居した（この時点で要介護3になった）。Sさんは，1か月に1回，1泊2日の日程で，母親の元に東京から飛行機で通い，話し相手，食事介助，車椅子での散歩などのケアを行った。母親はSさんの訪問を心待ちにしていた。そういう状態が8か月ほど続いたある日，食事ができない状態になり，再入院となった。Sさんは，今度は病院に通い，話し相手になったり，体をさすったりした。再入院後も，3か月ほどは生きたが，96歳を目前にして亡くなった。最後の看取りには長男夫婦が立ち会った。北九州—羽田間の飛行機の切符は2か月前に割引で購入した。航空運賃は高くついたが，Sさんは有職であったので，それほど大きな負担にはならなかった。「母親の最期に少しは親孝行ができたので，よかったと思っている」という。

3. 男性の介護・女性の介護

（1）主な介護担当者

　要介護高齢者をどのような続柄の者が主に介護しているのかをみると，同居では，配偶者が23.8％で最も多く，以下，子ども，子どもの配偶者（ほとんどが嫁）の順である。別居の子どもを含む別居の家族等も13.6％が主な介護者となっている。介護保険制度の普及により，主な介護者が事業者というプロ任せの

割合は12.1%である（図10-2）。

（2）男性介護者の増加

　同居の主な介護者の性別は，2019年現在，男性35.0%，女性65.0%である。男性介護者が徐々に増加しており，男性も介護にかかわる時代になってきた（図10-3）。男性および女性介護者の内訳を図10-4で詳しくみてみよう。男性介護者の中心は，配偶者（夫）と子（息子）である。夫よりも息子の割合の方が多く，男性介護者の半数近くを占めている。女性介護者は，配偶者（妻）が最も多く，以下子（娘），子の配偶者（嫁）の順である。妻と娘の割合の増加傾向，嫁の減少傾向が確認されるが，嫁は，今なお，女性介護者の20%近くを占めている。

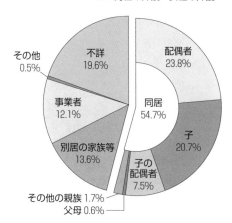

図10-2　要介護者等との続柄別にみた主な介護者の構成割合

出典）厚生労働省「国民生活基礎調査」2019

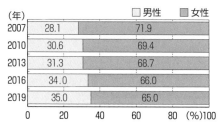

図10-3　同居の主な介護者の性別構成割合の推移

出典）厚生労働省「国民生活基礎調査」各年版

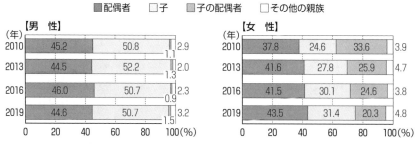

図10-4　要介護者からみた同居の主な介護者（男女別）との続柄の構成割合の推移

出典）厚生労働省「国民生活基礎調査」各年版

　男性介護者が増加した背景として，家族構造の変化がある。「国民生活基礎調査」（厚生労働省）より，65歳以上の者の家族形態を年次推移でみると，「夫婦のみの世帯」（1986年22.0％→2019年40.4％）や「配偶者のいない子と同居の世帯」（1986年17.6％→2019年26.0％）が増加している。「夫婦のみの世帯」では，妻が要介護状態になったときには，夫が介護の担い手になる。「配偶者のいない子と同居の世帯」では，親が要介護状態になったときには，独身の息子か娘が介護の担い手になる。

　また，近年は，男女共同参画社会の視点から，伝統的な性別役割分業のあり方が批判され，家事・育児・介護にかかわる男性を「イクメン」や「ケアメン」と呼んで，積極的に支持する傾向が強まっている。こうしたことも男性介護者の増加につながっている。

（3）男性介護者と女性介護者

　親の介護を担う苦悩や困難は，娘か息子か嫁かによって異なる。また，娘と息子では有配偶かシングルかによっても異なる（春日，2010；長津，2013）。

　シングルの息子：50～60歳代で仕事を続けながら介護をしている場合が多い。家事能力や介護技術が不十分であるため，苦労をしている。家事では栄養バランスに配慮した食事づくり，介護では排泄介助に特に困難を抱えている。悩みを相談できる者が近くにいないなど，ネットワークが築かれていない場合には，孤立し，介護の困難をひとりで抱え込んでしまうことにもなりかねない。また，仕事と介護の両立に直面し，転職や仕事を辞めざるを得ない事態に陥ってしまうこともある。

　有配偶の息子：有配偶の息子が母親を介護している場合，妻が介護を拒否したために，定年退職をした息子が主にかかわるようになったという例が多い。次は，筆者が出会った事例である。「若いときから嫁の世話にはならない，自分の産んだ子に世話をしてもらう，といわれてきた。だからそうしている。食事づくりや掃除などの家事は妻がしているが，清拭や排泄介助は私（息子）がやっている」（母親98歳，息子64歳）。排泄介助や母親とのコミュニケーションに苦労している。妻が同居しているにもかかわらず，協力して母親の介護にあたれない現実を受け入れなければならないという精神的なつらさもある。

シングルの娘：仕事を続けながら親の介護をしていることが多い。家事全般や排泄介助もそれほどの困難を感じることなく遂行できる点がシングルの息子と大きく異なる。親の介護に専念するために，転職や仕事を辞めざるを得ない事態に直面することがあることはシングルの息子と同様である。30歳代で親の介護に直面し，恋人と別れたり，結婚をあきらめたりした例もある。

有配偶の娘：夫や周囲の支援があれば，最も介護をやりやすい。しかし一方では，何でも言い合える関係であるため，親ができないことをできるのではないかと期待し，親の自立レベルが低下したことを嘆いたりする。そのことが母娘間の感情的対立を生み，かえって介護がやりづらい状況を招くこともある。

嫁：夫にきょうだいがいる場合，きょうだいがどのようなかかわり方をするかが介護の質に影響する。きょうだいが協力的で嫁に感謝の意を表している場合は，意欲的に介護にあたれるが，非協力的でクレームや要望が中心の場合は，介護の意欲がそがれる。夫が介護に協力的であるとともに，妻である嫁ときょうだいの間を調整する役割を果たすことが重要である。

（4）異性間介護の問題

性についてのイメージが確立されていない乳幼児には，下の世話に対する抵抗感をもつことはない。しかし，社会化される過程で身体観やジェンダー観を身につけ，性に関する身体接触は，一部の親密な関係の中でのみ許容されるようになる。それ以外では，「羞恥心」や「嫌悪感」を感じ，強い抵抗を示す場合が少なくない。一般には，男性からの身体接触は，夫婦間の触れ合いや乳幼児期の子どもへの世話といった限定した関係の中でのみ許容され，それ以外の場合には，強く拒否される。

図10-5は，中年世代の親に対する下の世話への抵抗感を示している。女性は，自分の母親への抵抗感が最も低く，以下，自分の父親，配偶者の母親，配偶者の父親となっている。男性の場合は，自分の父親に対する抵抗感が若干低い程度で，それ以外の親については，抵抗感を感じる割合がきわめて高い。

自分で排泄ができなくなった親にどのような介助を行うのか。介護者は，要介護者の羞恥心に注意を払い，介護を行う必要がある。男性が女性の介護をする場合には，排泄介助は女性の支援者に依頼することも選択肢の一つだろう。

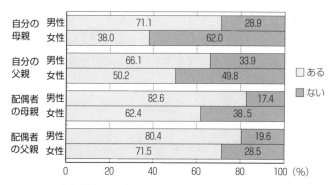

図10-5　中年世代の男女別親への下の世話に対する抵抗感の有無

注）対象者：男性374名・女性394名，不明は除く。

出典）鈴木有紀恵，「中年世代の異性間介護についての意識」群馬大学教育学部
　　　卒業論文，2007，p.37より作成

4. 介護と仕事の両立

（1）仕事への影響

　2017年の「就業構造基本調査」（厚生労働省）によると，主な介護者の55.2%が仕事をしている。一方，毎年約8〜10万人が介護・看護のために離職・転職している。2012〜2017年の5年間でみると，その数は約47万人にのぼり，そのうち，女性が約7〜8割近くを占めている（図10-6）。

　介護と育児は，同じケアということでよく比較される。最も大きな違いは，育児は子どもが確実に成長し自立していくが，介護は介護対象者に手がかかるようになり，いつ終わるかの見通しが立たないことである。また，育児担当者は相対的に若いが，親の介護担当者は50〜60歳代が中心で，職

図10-6　男女別家族の介護・看護を理由とする離職・転職者数

出典）総務省「就業構造基本調査」2017より作成

場で管理職に就いている場合もある。

　中高年でいったん離職してしまうと，再就職はたいへんに難しい。また，介護が長引くと経費がかさみ，家計が苦しくなってしまうこともある。したがって，さまざまな公的支援やサービスを利用しながら，介護負担を減らし，仕事を継続する方法を考えたほうがよい。

（2）事例の紹介

　次に紹介する事例は，福井県のホームページに掲載されている「介護と仕事の両立事例集」（2010年2月1日取得）からの抜粋である。福井市の40歳代の男性がさまざまなサービスを利用しながら，母親の介護と仕事を両立している状況が書かれている。文章を「である調」に変更し，多少の修正を加えた。

　　——要介護4の母が退院することになり，在宅介護を決意した。会社を辞めて親孝行をしようと一時は考えたが，「君は何でも抱え込むタイプだから，一生懸命になりすぎだ，きっと介護するほうも受けるほうもつらくなるよ」と，市役所に勤める友人の助言を受けたことがきっかけで，仕事を辞めずに介護保険制度を上手に使うことにした。

　まず，退院に先立ち地域包括支援センターに行った。近くの居宅介護支援事業所をいくつか紹介されたので，電話の対応がよかった事業所にお願いし，ケアプランをつくってもらった。

　持病を抱えているため訪問看護をお願いした。訪問看護事業所では24時間対応していただけるので安心している。また，母親と2人暮らしなので，昼間の食事が心配だったが，デイサービスを週5日利用することで対応している。会社の帰りが遅くなるので，延長サービスをしてもらえる事業所を探した。市内には案外たくさんの事業所が，午後7時くらいまでの延長サービスを行っていることがわかったので，自分で迎えに行ける会社の近くの事業所にお願いした。その事業所では，県と市の補助を受け，泊まりサービスもしてもらえると聞いて，いざというときはお願いできるので安心している。

　母親の退院準備から，在宅生活が軌道に乗るまでの2か月間は介護休業を使ったが，幸い上司も介護を経験したことがあり理解を示してくれた。仕事をサポートしてくれた同僚たちにも感謝している。

（3）両立支援態勢の構築

　仕事と介護の両立のためには，介護保険制度や介護休業制度などの利用とともに，友人からの支援，上司の理解や同僚からのサポートなどが大切である。図10-7は，先ほどの事例の両立支援態勢を図示している。さまざまな人，サービス，制度に支えられて，両立は可能になる。

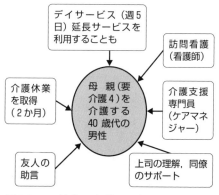

図10-7　仕事と介護の両立支援態勢の例

5. 介護ストレスと高齢者虐待

（1）介護者の悩みやストレス

　同居の主な介護者について，日常生活での悩みやストレスがあるという者は，男性56.8％，女性72.0％である。その原因の第1位となっているのは，男女ともに「家族の病気や介護」（男性38.9％，女性56.0％）である。そのほかにも，女性では「自分の病気や介護」（16.9％），「家族との人間関係」（15.4％），「自由にできる時間がない」（14.6％），「収入・家計・借金等」（14.0％）など，男性では，「自分の病気や介護」（17.4％），「収入・家計・借金等」（11.9％），「自分の仕事」（11.2％）などが比較的多くあげられている。主に介護にかかわることによって，悩みやストレスの原因となるさまざまな問題が生じていることがわかる（以上，厚生労働省「国民生活基礎調査」2019より）。

（2）高齢者虐待とその要因

　高齢者虐待は，介護者が高齢者の人権を侵害し，心身を傷つけることで，身体的虐待（暴力的行為），心理的虐待（脅しや侮辱，嫌がらせなど），性的虐待（合意形成のない性的行為），経済的虐待（財産や金銭の無断使用など），介護等の放棄（介護や世話の提供放棄）の5種類に分けられる。

　2020年度に市町村等に寄せられた高齢者虐待の相談・通報件数は35,774件，

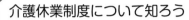

🖋 介護休業制度について知ろう

　仕事をもつ人が，介護の必要な家族のために休業することができる制度として，「育児休業，介護休業等育児又は家族介護を行う労働者の福祉に関する法律」(「育児・介護休業法」という) がある。制定当時 (1991年) は，家族介護に関する規定はなかったが，1995年に現行法に改められた。次に紹介するのは，直近に改正，2022年4月から施行されている育児・介護休業法の「仕事と介護の両立支援」にかかわる制度についての一部である。

- ・介護休業の対象となる家族の範囲：配偶者 (事実婚を含む)，父母，子，配偶者の父母，祖父母，兄弟姉妹および孫。対象家族1人につき3回まで，通算して93日を限度として，介護休業を取得できる。
- ・介護休暇：介護その他の世話を行うために，要介護状態にある対象家族1人につき1年に5日 (2人以上の場合は10日) を限度として，休暇を取得できる。

虐待判断件数は17,281件で，長期的に見ると，両者ともに増加傾向にある (図10-8)。相談・通報に対する市町村の事実確認調査は，「訪問調査」や「関係者からの情報収集」などにより実施されている。虐待の種類では，身体的虐待が最も多く，次が，心理的虐待，以下，介護等の放棄，経済的虐待となっている (図10-9)。被虐待高齢者は，女性が75.2％，年齢では80歳代が最も多い。虐待者は息子が39.9％で最も多く，以下，夫22.4％，娘17.8％の順である (図10-10)。介護者は女性が多いにもかかわらず，虐待者は男性が多い。特に，息子の割合が突

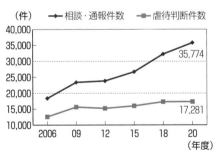

図10-8　養護者による高齢者虐待件数

注) 養護者とは高齢者の世話をしている家族・親族・同居人等。
出典) 厚生労働省「高齢者虐待の防止，高齢者の養護者に対する支援等に関する法律に基づく対応状況等に関する調査」2020

出している。

　虐待は，さまざまな要因が重なり合って起こる。被虐待高齢者側の要因として，認知症の状況，身体的自立度の低さ，性格の問題，疾病や障害の状況などがある。虐待する介護者側の要因として，介護疲れ，性格の問題，介護に関する知識や情報の不足，排泄介助の困難，生活問題，社会的孤立，疾病や障害の状況などがある。また，両者の人間関係が支配−被支配の関係にあったり，折り合いが悪かったりする場合も，虐待が起こる環境となり得る。

　以上のような諸要因が累積し，

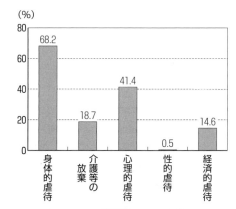

**図10-9　養護者による虐待の
種類別割合**

注）養護者とは高齢者の世話をしている家族・親族・同居人等。
出典）厚生労働省「高齢者虐待の防止，高齢者の養護者に対する支援等に関する法律に基づく対応状況等に関する調査」2020

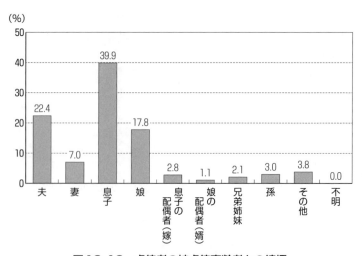

図10-10　虐待者の被虐待高齢者との続柄

出典）厚生労働省「高齢者虐待の防止，高齢者の養護者に対する支援等に関する法律に基づく対応状況等に関する調査」2020

何かが引き金となって虐待が生じる。息子，特にシングルの息子はこうした諸要因の多くが該当し，虐待が起こりやすい状態になっているのではないかと考えられる。

（3）要介護者と介護者のQOL

　要介護者と介護者のQOL（quality of life）を，共に保障する介護のあり方とはどのようなものであろうか。要介護者にとっては，残存能力を活用しながら，人とのかかわりが維持され，穏やかな気持ちで日々生活できる環境が用意されることである。そのためには，介護の社会化（介護を家族だけで担うのではなく社会全体で支えていくこと）が重要である。

　高齢者は，要介護状態が進むほど，日常生活圏が狭くなり，心の世界も狭くなる。ホームヘルパーや看護師が訪問した際，世話や健康チェックをしながら，外の世界の様子や身近なところで生じている情報を，要介護者とともに共有することは，心の世界を活性化することにつながる。また，要介護者と家族介護者との間の距離を適度に保つことにもなる。

　デイサービスを利用するようになった認知症の祖母について，ある男子大学生は次のような感想を述べている。「自分の家には認知症の祖母がいる。去年からデイサービスを利用している。それによって，母に自分の時間ができた。お互いのことを考えれば，デイサービスの利用は間違っていなかった。久しぶりに帰って祖母を見ると，以前より笑ったり話しかけたりしてきて，感情的に豊かになっている気がする。家族でできることには限界があるのだから，介護サービスは積極的に利用していくべきだ」

　デイサービスやショートステイなどの介護サービスを利用しながら，自由になった時間を介護者の自己実現のために使い，介護は社会と分かち合うものであるということを当たり前のことと考える。そういう介護の時代が到来したのである。

■学習課題

1．高齢化の進行の中で，介護と仕事の両立に対するニーズが高まっている。介護休業制度やそれ以外の制度（短時間勤務制度やフレックスタイム制度など）の普及状況，利用状況を調べ，利用しづらい点などについて検討してみよう。

2．新聞等に掲載されている介護が原因の殺人事件を取り上げ，その背景などを分析し，どのようにしたら防ぐことができるのかを考察してみよう。

【引用・参考文献】

いのうえせつこ『高齢者虐待』新評論，1999.

上野千鶴子・大熊由紀子・大沢真理・神野直彦・副田義也編『ケアその思想と実践（全6冊）』岩波書店，2008.

太田差惠子『遠距離介護』岩波書店，2003.

岡村清子・長谷川倫子編『テキストブック　エイジングの社会学』日本評論社，1997.

春日井典子『介護ライフスタイルの社会学』世界思想社，2004.

春日キスヨ『変わる家族と介護』講談社，2010.

加藤伸司・矢吹知之編著『家族が高齢者虐待をしてしまうとき』ワールドプランニング，2012.

木下康仁『老人ケアの社会学』医学書院，1989.

小林由佳・長津美代子，「中年期における親の介護と感情労働についての考察」『群馬大学教育学部紀要　芸術・技術・体育・生活科学編』48，2013，217-227.

田中かず子，「ケアワークの専門性―見えない労働「感情労働」を中心に―」『女性労働研究』47，2005，58-71.

津止正敏・斎藤真緒『男性介護者白書―家族介護者支援への提言―』かもがわ出版，2007.

中川敦，「「愛の労働」としての「遠距離介護」：母親が要介護状態にある老親夫婦のへの通いの事例から」『家族研究年報』33，2008，75-87.

長津美代子『中年期における親のケアと家族関係についての研究』2009-2012年度科学研究費補助金研究成果報告書（研究課題番号：21500704），群馬大学，2013.

福井県「介護と仕事の両立事例集」（http://www.pref.fukui.jp/doc/kourei/shigoto-kaigo.html，2013年12月11日取得）

ホックシールド，A.R.，石川准・室伏亜希訳『管理される心―感情が商品になるとき―』世界思想社，1983＝2007.

第11章 高齢期の社会関係と生きがい

1. 高齢期とは

（1）高齢化の現状

　2021年のわが国の平均寿命は，女性が87.57歳，男性が81.47歳であり，男性は世界第3位，女性は世界第1位の長寿国である。また，健康寿命も伸びており，2019年では，女性は75.38歳，男性は72.68歳で，男女ともに世界一となっている。このように，わが国では「長寿」という人類の夢を果たしていると言える。

　その結果，高齢者人口・高齢化率とも増加の一途をたどっている。総人口は2005年をピークに減少に転じているが，高齢者人口は2042年に3,935万人でピークを迎え，その後は減少に転じる推計である。高齢者人口が減少に転じても2020年に28.6％である高齢化率は上昇し続け，2065年には38.4％に達する推計である。また，75歳以上の後期高齢者は，2065年には25.5％となり，約3.9人に1人が75歳以上となる。

> **平均寿命と健康寿命**
> 　平均寿命は，0歳時の平均余命のことである。平均余命は，ある年齢の人々がその後何年生きられるかという期待値である。健康寿命は，日常的に介護を必要としないで，自立した生活ができる生存期間のことである。

（2）高齢期の長期化

　図11-1は，現代の日本人のライフサイクルを，過去のライフサイクルと比較したものである。長寿化により，定年後の期間や寡婦期間が延びていることがわかる。以前は老後について深く考える必要がなかった。それは，高齢期という期間がそう長くはなかったからである。しかし，長寿化した現代では，高齢期の生活について考えておかなければならなくなってきた。

（3）生涯発達からみた高齢期

　では，高齢期とは，人生にとってどのような時期であろうか。エリクソン

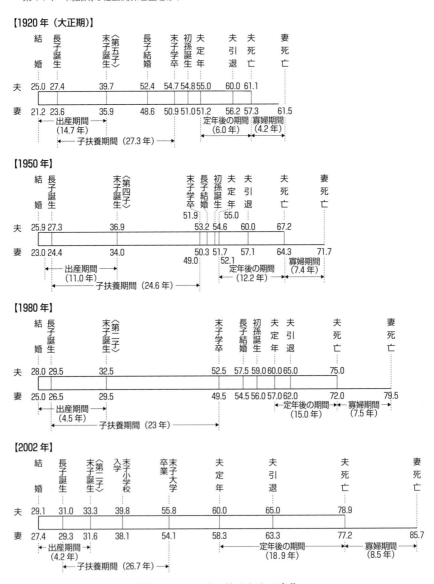

図 11-1　ライフサイクルの変化

資料）1920 年，1950 年は厚生省『社会保障入門（1996 年版）』，1980 年は厚生省『厚生白書（1984 年版）』，2002 年は内閣府『男女共同参画白書（2004 年版）』に加筆

出典）岡村清子，「高齢期の人間関係」『高齢期の心理と臨床心理学』培風館，2007，p.117 より作成

(Erikson, E.H., 1959＝1973）は，その生涯発達理論の中で，人は誕生してから亡くなるまで，発達過程に応じて人格の成長がなされると考えた。人の生涯に八つの段階を仮定し，各段階で果たすべき発達課題があり，その課題を達成できれば次の発達段階に進むが，達成できなかった場合には心理的危機に陥り，発達は停滞するとした。そして，高齢期の発達課題を「統合 対 絶望」とし，自分の人生を受け入れ，死に対して安定した態度を保てることが統合であると説明した。この課題を達成できない場合，人生に悔いを残し，衰えるままに死を迎えるという絶望にとらわれるということである。

　高齢者は心身機能の低下という不可逆的な変化が起こるだけで，発達するものではないという考えをもっている者もいるだろう。しかし，結晶性知能のように，高齢期になってもなお，維持・向上する能力のあることがわかっている。高齢期は，心身機能や能力が低下した人生の単なる「余生」なのではない。その時期をどのように暮らすかについて考えることは，現代では重要なことなのだ。

> **結晶性知能と流動性知能**
> 　結晶性知能は，一般的知識や判断力，理解力などで，過去に習得した知識や経験をもとにして日常生活の状況に対処する能力。加齢などの影響を受けにくく，むしろ経験を生かすことができる。流動性知能は，新しいことの学習や新しい環境に適応するために必要な問題解決能力で，加齢などの影響を受けやすい。

2. 高齢者を取り巻く社会関係

（1）個人がもつ社会関係のとらえ方

　高齢者に関しては，介護や年金といった社会保障の側面が注目されがちである。これらは重要であるのは言うまでもないが，誰とどのような人間関係をもって過ごすのかということも，高齢者の生活を考えるうえで大切である。

　個人を取り巻く社会関係の構造的な側面を，ソーシャル・ネットワークという。ある集団内にみられる人間関係を，「個人」を中心に据えて分析する概念である。具体的には，配偶者などの同居家族や親族などネットワークのメンバー，ネットワークのサイズ（親しく付き合っている親族・友人・近隣の人などの人数）や，接触頻度などで測定されることが多い。社会関係資本（ソーシャル・キャピタル）とも呼ばれ，個人の生活を支えるサポート源として注目されている。

　高齢者のネットワークのとらえ方の一つに，カーンとアントヌッチ（Kahn, R.L. & Antonucci, T.C.）の「コンボイ理論」がある。これは，人が自らを取り巻くさまざまな関係の人に守られながら人生を乗り切っていく様子を，護送船団（convoy）になぞらえたものである（図11-2）。中心部の円には，配偶者や親友といった簡単には入れ替わらない長期的・安定的な関係の人々が，2番目の円には，親戚や友人などライフコースの移行によって変化する可能性のある人々が，3番目の円には，職場の同僚や上司，近隣の人などライフコースの移行によって入れ替わりやすい人々が位置する。これにより，ライフコースが移行しても変化のない重要な位置を占める人々がわかる。

　また，ソーシャル・サポートという概念がある。これは，個人を取り巻く社会関係の機能的側面をさすものであり，他者との間でやり取りされる援助のことをいう。例として，経済支援や家事支援，身体介護やちょっとした日常的な用事を頼むといった手段的サポート，会話をしたり声かけをしてくれるといった情緒的サポートがあげられる。かつては，高齢者は家族や周囲の人々からサポートを受領する側であると考えられていたが，現代では，健康寿命も延び，高齢者は家庭内や地域において，さまざまな役割をもっており，サポートの受領者であるだけではなく，提供者でもある。また，サポートを提供することは，高齢者の心身の健康によい影響を与える。サポートの一次的な相手は家族や親族である場合が多い。ひとり暮らしの高齢者では，友人や知人とのサポート授受も多い。

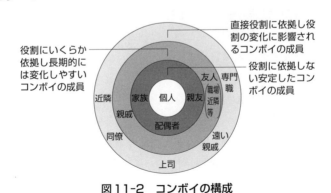

図11-2　コンボイの構成

　出典）古谷野亘，「社会的ネットワーク」『老年社会科学』13，1991，p.70による日本語訳より

（2）高齢者と家族

1）子どもとの同別居の実態と意識

65歳以上の者のいる世帯は，2019年現在，2,558万4,000世帯（全世帯の49.4％）となっている。子どもと同居している高齢者の割合は減少している一方，ひとり暮らしや夫婦のみの高齢者世帯が増加しており，2019年にはこの両者を合わせると，高齢者世帯の60.0％を占める（図11-3）。

また，高齢者の子との同居率を年齢別にみると（図11-4），おおよそ年齢が

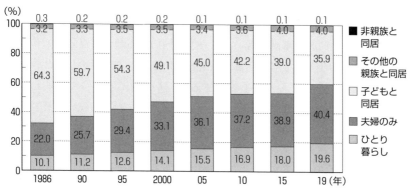

図11-3　65歳以上の者の家族形態の推移

出典）厚生労働省「国民生活基礎調査」各年より作成

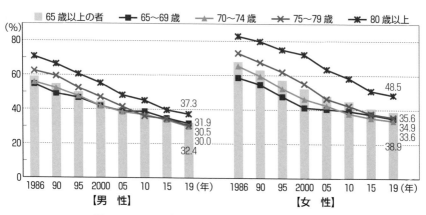

図11-4　65歳以上の者の子との同居率の推移

出典）厚生労働省「国民生活基礎調査」各年より作成

171

上がるにつれて同居率も高くなる傾向がある。2019年では，男性では70歳代までの同居率は約3割だが，80歳以上になると4割に近くなる。女性では70歳代までは3割台だが，80歳以上になると5割近くになる。これは，比較的若いときには夫婦で暮らし，またはひとり暮らしをするが，加齢とともに身体機能が衰えたり，配偶者を亡くしてひとりで暮らせなくなったときに，子どもたちと同居するというケースがあるからだろう。女性のほうが同居率が高い理由として，女性のほうが寿命が長く，配偶者と死別して生き残る人が多いことや，女性のほうが経済状況が厳しく，ひとり暮らしでは生活が難しいことなどが考えられる。年齢別に見ると，どの年代でも同居率は年々低下している。

　子どもや孫と同居する高齢者のみならず，同居を希望する高齢者も年々減少しており，2020年には2割以下まで減少している。一方，別居してときどき会うという関係を希望する者が半数を超える（図11-5）。すなわち，子どもと同居して暮らすよりも，隣居や近居のいわゆる「スープの冷めない距離」での別居を希望する高齢者が多数であることがわかる。

　1947年に制定された新民法によって，「家」制度は廃止され，長男の単独相続や老親の優先的扶養の義務などの規範は法律上はなくなった。現在は，家族間の扶養義務として，「夫婦は同居し，互いに協力し扶助しなければならない」（民法第752条），「直系血族及び兄弟姉妹は，互いに扶養をする義務がある」（民法第877条）という条文がある。これについては，核家族に対する生活保持義務が，親に対する生活扶助義務に優先すると解釈されている。また実際に，結婚後に親と同居して扶養するという意識は薄れている。

2）高齢者と家族との関係

a. 高齢期のパートナーシップ　　高齢者と子どもとの同居率は低下傾向にあり，老後を配偶者と2人で暮らす人が増えている。そのため，高齢期のパートナーシップの重要性が高まっている。

　2021年における高齢者の有配偶率は，男性80.5％，女性55.6％と，女性のほうが低い（内閣府「国民生活基礎調査」2021）。しかし，長寿化に伴い，有配偶率は年々上昇傾向にある。そして，配偶者がいる高齢者は，夫婦関係に満足している者が8割以上を占め，中年期よりも多い（内閣府「国民生活選好度調査」2008）。

　また，「第7回高齢者の生活と意識に関する国際比較調査結果（全体版）」（内

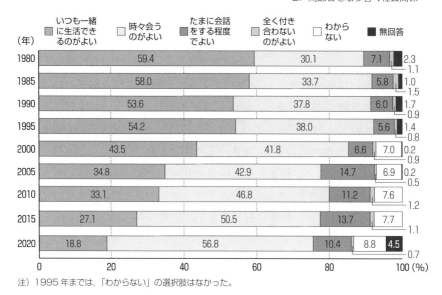

注）1995年までは、「わからない」の選択肢はなかった。

図11-5　老後における子や孫との付き合い方

出典）内閣府「第9回高齢者の生活と意識に関する国際比較調査結果（全体版）」2021，p.123を一部
改変

(%)

	家事を担っている	小さな子供の世話をしている	家族・親族の相談相手になっている	家計の支え手（かせぎ手）である	家族や親族関係の中の長（まとめ役）である	家族・親族の世話や介護をしている	病気や障害を持つ家族・親族の世話や介護をしている	その他	特に役割はない	無回答
男性(n)(651)	26.6	2.5	27.5	49.3	29.3		8.1	3.1	19.8	0.8
女性(n)(716)	75.6	6.1	24.0	13.1	5.7		11.9	3.9	15.1	0.3

図11-6　家族の生活に果たす役割（性別）

出典）内閣府「第9回高齢者の生活と意識に関する国際比較調査」2021，p.27

閣府，2010）によれば，配偶者あるいはパートナーを心の支えとしている者は
65.3％で，子ども（57.4％）よりも高く，孫（17.9％）や親しい友人・知人（15.5
％）を大きく上回っている。

b. 高齢者の家庭内役割　　高齢者は家庭の中でさまざまな役割を担ってい
る。家族の中で「特に役割がない」という高齢者は，65〜69歳で11.6％，70
〜74歳で16.4％，75〜79歳で23.4％，80歳以上で29.6％である。80歳以上に

なると3割程度は家庭内での役割はないが，60，70歳代の高齢者は，家事の担い手，稼ぎ手，家族の相談相手，家族や親戚の長などの役割を担っている（図11-6）。

c. 高齢者の祖父母役割　「祖父母」としての役割を担う期間が伸びている。『簡易生命表』（厚生労働省，2021）によれば，65歳時点での平均余命は男性19.85年，女性24.73年である。65歳前後で孫が生まれた場合，孫が成人するまでの長きにわたり，祖父母役割を担うことができる時代となった。

北村（2008）によると，祖父母たちは，少子化の影響で少ない孫に対してさまざまな面で孫育ての協力をしているという。孫におもちゃなどを買い与える（男性61.0％，女性62.9％），数時間程度孫を預かる（男性48.7％，女性50.2％），孫の病気や健康状態の相談にのる（男性47.6％，女性52.4％）などが，過去1年間の孫への子育て支援として報告されている。

また，小松ほか（2010）の研究は，祖父母役割を担う高齢者で，孫がいることによってはりあいや生きがいを感じている者は7～9割で，孫に慕われるほど幸福感は上昇することを明らかにしている。しかし，「孫はかわいいが一緒にいると疲れる」という者も5割以上いる。孫育てに役立つ「祖父母手帳」を発行している自治体もあり，子どもをもって働く親が増加する背景には，祖父母役割を担う高齢者の存在が少なからずある。

（3）高齢者を取り巻くネットワークの変化

高齢期になると，個人を取り巻くネットワークはどのように変化するのだろうか。前田（2006）は，高齢者のネットワークを孤立型，伝統型，解放型に分類し，その特徴を明らかにしている（図11-7）。孤立型とは，ネットワークのサイズが極端に小さい場合，伝統型とは，ネットワークのサイズが大きく，地域集団への参加が高い場合，そして，友人ネットワークのサイズが大きい場合を解放型としている。ネットワークのサイズは，それぞれ，孤立型で3.14人，伝統型で14.63人，解放型で14.79人であり，どの分類でも別居子の人数はほぼ同じであった（孤立型1.60人，伝統型1.53人，解放型1.51人）。

高齢者のネットワーク規模は，若年世代よりも小さいことがわかっている。このネットワーク規模の縮小は，単なる縮小ではなく，社会関係の質的な変化

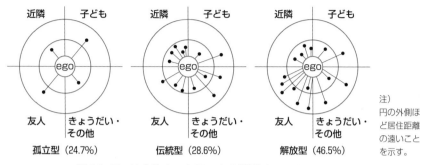

図11-7　社会的ネットワークの類型（n＝991）

注）
円の外側ほど居住距離の遠いことを示す。

出典）前田信彦『アクティブ・エイジングの社会学』ミネルヴァ書房，2006，p.152

を含んでいる。つまり，以前は大勢の人と浅い付き合いをしていたが，高齢者は少数の人と深い付き合いをするようになる，ということである。

3.　ひとり暮らしの不安と問題

（1）高齢者の暮らしの「影」

1）単身世帯化と孤立への不安

　ひとり暮らしの高齢者は年々増加しており，2020年には671万7,000人にのぼり，男性では15.0%，女性では22.1%を占める。数・割合ともに，今後も増加しつづける見込みであり，2040年には男性高齢者の20.8%，女性高齢者の24.5%がひとり暮らしとなる推計である（内閣府『高齢社会白書』2022）。

　2007年に上野が著した『おひとりさまの老後』がベストセラーとなり，その後も"おひとりさま"への指南書の発売が続き，"おひとりさま"は，メディアなどでも取り上げられるようになった。高齢期にひとりで過ごすかもしれないという一種の危機感は，今や多くの人々に共有されるようになった。たとえ老後にひとりで暮らすことになったとしても困ることがないように，社会的に孤立しないで暮らす方法を模索する人が増えている。

　ネットワークをもつひとり暮らしの高齢者は，生活の中で何か問題が生じたときその発見や対処が可能である。しかし，社会的に孤立していたりネットワーク規模が小さい場合には，日常生活や社会生活に支障をきたす。斉藤ほか

(2009) は，大都市部でのひとり暮らし高齢者について，次の三つの知見を明らかにしている。①10.8～16.6％が孤立状態（極端な孤立＋ほとんど孤立）に該当。②孤立状態にある高齢者には男性の比率が高く，また男女にかかわらず，未婚者，子どものいない者，収入の少ない者が多い。③孤立状態の高齢者のうち約8～9割の者は，緊急時や日常の軽微な支援を頼める人がひとりもいない。

2）高齢期への移行とさまざまな喪失

高齢期への移行は，さまざまなものを喪失する過程でもある。喪失するものとして，①職業や社会的役割とそれに伴う経済的安定，②子どもを育てる役割や子どもとの同居，③健康，④親しい人たちとの死別，などがあげられる。子どもの結婚や孫の誕生など新たな出会いもあるが，職業からの引退などにより人間関係が少なくなったり，大切な人との別れがあったりして，社会関係が希薄になる可能性もある。

（2）高齢者の暮らしに起こる問題

高齢者の孤立化が問題となり久しい。孤立化は，生きがいの低下，消費者被害，犯罪，孤立死などの問題につながりやすい。ひとり暮らしでネットワークをもたない高齢者ほど周囲からのサポートを得にくいことや，社会関係の乏しさが心身の健康に悪影響を及ぼすことなど，社会関係が高齢者の暮らしにとって重要であることはすでに明らかになっている。家族を含む他者との交流によって，人々の生活は充実し，生きがいを感じることができる。しかし，社会関係の少なさから疎外感を感じ，生きがいを感じにくく，日々さびしい思いで過ごしている高齢者も少なからず存在している。そして，高齢者のさびしい心の隙間に悪意で入り込み，高齢者をトラブルに巻き込むケースが増加している。高齢者は消費者問題の被害にあいやすい。『消費者白書』（内閣府，2022）によると，2021年の消費生活相談について，年齢層別では65歳以上の高齢者が29.7％を占めている。相談件数は高齢者も含めて減少傾向にあるが，この10年間の推移でみると依然として高い水準である。とくに，ひとり暮らしの高齢者が抱える生活の不安は大きい。悪徳業者からつけ込まれ，親切にして信用させ，年金・貯蓄などの大切な財産が奪われる事件も起こっている。

4. プロダクティブな高齢者

（1）高齢者の就業状況

　高齢期には，職業からの引退や子どもの独立などにより，多くの自由時間がある。その時間をどのように使用しているのだろうか。高齢者の活動についてみてみよう。

　まず，就業状況についてみる。男性は，2021年には65〜69歳で60.4％，70歳以上で25.6％が就業している（図11-8左）。また女性では，65〜69歳で40.9％，70歳以上で12.6％が就業している（図11-8右）。高齢男性の就業率は，長期的には低下傾向にあるが近年は上昇傾向にある。

　また，内閣府「高齢者の経済生活に関する調査」（2019）によると，男性の39.4％，女性の38.1％が75歳までか80歳くらいまで，働けるうちはいつまでも働きたいと考えており，就業意欲の高い高齢者もかなり存在している。

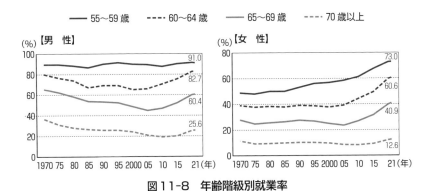

図11-8　年齢階級別就業率

出典）総務省「労働力調査」各年より作成

高齢者の経済状況

　退職により，年金収入が中心的な収入源となる高齢期であるが，経済的にはどのような暮らしをしているのだろうか。

　内閣府『高齢社会白書』(2022) によると，全世帯の平均所得金額は552.3万円（平均等価可処分所得金額290.0万円）であるのに対し，高齢者世帯のそれは312.6万円（同218.5万円）。収入源の内訳は公的年金・恩給が最も多く，それが総所得に占める割合が100％の世帯は48.4％と約半数を占める。そして，高齢者の所得や貯蓄の格差は，若年世代のそれに比べると大きい。また，内閣府「高齢者の日常生活・地域社会への参加に関する調査」(2021) によれば，高齢者の暮らし向きについては，「心配ない」（「まったく心配ない」と「それほど心配ない」の計）と感じている者が68.5％で，75歳以上ではその割合は70.3％と少し高くなっている。

（2）高齢者の社会的活動

　次に，収入を伴わない活動についてみる。「高齢者の日常生活・地域社会への参加に関する意識調査」（内閣府，2021）によれば，過去1年間に社会活動に「参加した」高齢者は50.8％と過半数を占めている。その一方で，「参加したいと思わない」という者も27.4％存在している。そのような活動に参加するには「一緒にする仲間」や「経済的ゆとり」，「時間的なゆとり」が必要である。

　また，「第9回高齢者の生活と意識に関する国際比較調査」（内閣府，2021）によれば，現在，趣味やボランティア等の社会活動に全く参加したことがない高齢者は35.0％であった。一方で，参加している人の活動内容としては，地域の環境を美化する活動，地域行事，自分の趣味や技能を活かした支援活動などが多い。地域では，高齢者がさまざまな活動をしているのを目にすることも多いだろう。高齢者が社会的に担っている役割は決して小さくはない。

　「プロダクティビティ（productivity，生産性・生産力）」という言葉がある。近年，高齢期のプロダクティビティが，高齢者と社会双方にとって重要であることが認識されている。カーン（Kahn, R.L., 1983）は高齢期のプロダクティビ

高齢者の社会的活動

『高齢社会白書』（内閣府）に，社会的活動にかかわる高齢者の事例が掲載されているので，二つ紹介したい。【①令和元年版，②平成26年版収載】

①　学習支援事業「ほめほめ隊」の取り組み（三重県名張市）

地域と学校が連携して，子どもたちの成長を支えている。45人（2019年3月）の学習支援者が，小学校からの要望に応じ，教員のアシスタントや体験学習の指導を行っている。

②　「いわき傾聴ボランティア　みみ」の取り組み（福島県いわき市）

東日本大震災の被災地では，傾聴ボランティアが，被災した人々の心のケアにあたっている。傾聴ボランティア「みみ」は，いわき市勿来地区ボランティア連絡会が企画した「傾聴ボランティア講座」の受講生が立ち上げたグループである。メンバーは48人で，その多くは60歳代の女性である。相手の心に寄り添い，耳を傾けるものであるため，自分たちを信頼してもらうところから始めた。ただただ寄り添うことによって信頼関係をつくり，心を開いてもらえるようになった。今では，傾聴の他にも折り紙やキーホルダー作り，手芸などの創作活動も行い，他のボランティア団体とも連携して活動を行っている。

ティとして，①有償労働（仕事のような収入を伴った活動），②無償労働（家事やボランティアなど），③自発的な組織的活動（教会や地域社会での無償の活動），④相互扶助（自助グループなどでの無償の助け合い），⑤セルフケア（自分自身の身の回りの世話）の五つをあげた。さまざまな生産的活動に寄与しながら高齢期を生きることを「プロダクティブ・エイジング」という。生産的活動とは，有償・無償にかかわらない。また，物品の生産だけでなく，他者を精神的に支えるような活動も含む。プロダクティビティは，高齢者の身体的・精神的健康にもよい影響を与える。高齢者は社会から引退した存在であるという偏見は，排除しなければならない。

プロダクティブ・エイジング（Productive Aging）

退職した高齢者を，社会から引退した人々ととらえるのではなく，なお生産性を維持していく存在ととらえること。1970年代後半よりアメリカを中心に生じてきた。

5. 幸せな高齢期を過ごすために

（1）高齢者の生きがい

　私たちの希望は，自分や家族，周囲の人々も含めて，よりよく生きるということである。家族や社会の状況が変化する中で，幸せな高齢期を過ごし，「サクセスフル・エイジング」を目指すためにどうしたらよいか考えたい。

　サクセスフル・エイジングの指標の一つに，生きがいを感じて暮らしているか，がある。現在どの程度，生きがいを感じているかをたずねた「高齢者の日常生活・地域社会への参加に関する意識調査」（2021）によれば，生きがいを「十分感じている」高齢者は23.1％，「多少感じている」は50.1％であった。生

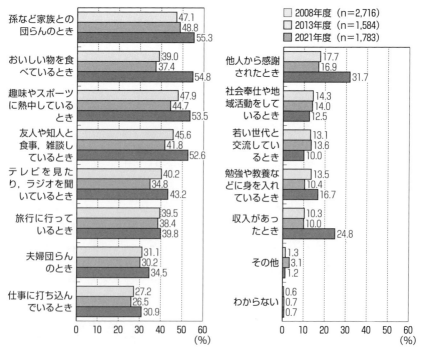

図11-9　時系列にみた生きがい（喜びや楽しみ）を感じるとき

出典）内閣府「高齢者の日常生活・地域社会への参加に関する意識調査」2021

きがいを感じるときはどのようなときかたずねると（図11-9），最も多い答え
は「孫など家族との団らんのとき」である。次に多いのは，「おいしい物を食
べているとき」である。サクセスフル・エイジングにとって大切なことは，高
齢期になって増加した自由時間を，趣味などで楽しむ積極的姿勢，そして家族
や友人といった社会関係をもつことのようだ。のんびりと，あるいはひとりで
「ぼーっ」と過ごすことが，高齢者に
生きがいをもたらすのではない。充実
した時間を過ごすことは，どの世代の
人にとっても重要なことである。そし
て，その時間を共に過ごす大切な人
は，家族だけとは限らない。

> **サクセスフル・エイジング**
> **（Successful Aging）**
> 幸福な高齢期を迎えること，うまく年
> をとって幸せに過ごすこと。日本語では
> 「幸福な老い」などと表現されることも
> あるが，言葉の意味するところが抽象的
> で多義的であるため，カタカナ表記され
> ることが多い。

（2）支え合いの社会へ

　高齢者の生活を考えるときは，社会的視点をもつことが重要である。高齢者
のまわりにはさまざまなネットワークがあり，その中心には配偶者や子どもな
どの家族が存在する場合が多い。しかし，未婚化や少子化により子どもも孫も
減少し，同居率も低下する現代社会において，家族だけに頼って生活をするこ
とはもはや現実的ではない。人は誰でも社会から孤立して生きていくことはで
きない。家族ネットワークが縮小するならば家族以外のネットワークがカバー
しなければならないという，トレード・オフの関係にある。非親族ネットワー
クを形成するきっかけとして，趣味や友人との旅行を楽しんだり社会的活動に
参加したりすることは，とても大切である。

　高齢者の社会的孤立の問題はこれからも増加すると考えられ，その対策が喫
緊の課題である。社会的孤立は高齢にのみ起こるものではなく，あらゆる世代
で起こり得ることである。しかし，高齢者では，とりわけひとり暮らしの高齢
者では，孤立死を身近な問題と「とても感じる＋まあ感じる」ものは，50.7%
と約半数にも上る（内閣府「高齢者の住宅と生活環境に関する調査」2018）。家族規
模が縮小するなか，高齢者の生活を支えるためには，自治体による高齢者の見
守りや支援は不可欠であるが，サイズ・機能ともに縮小する家族だけを頼りに
することは今後ますます難しくなり，友人などのインフォーマルなネットワー

ク，そして地域社会や各種の団体など，多くのつながりが必要である。しかし，高齢者は支えられるだけではない。支える存在ともなり得ることを忘れてはならない。

■学習課題

1. 高齢者と別居の子どもや孫たちとの交流が，どの程度の頻度で行われているのか調べてみよう。そして，諸外国の高齢者の家族との交流とどのように違うのか調べ，なぜなのか考えてみよう。

2. 夫婦だけで暮らす高齢者やひとり暮らしの高齢者が，ネットワークを広げるにはどのような方法があるだろうか。また，高齢者とのつながりをつくる取り組みにはどのようなものがあるだろうか。調べてみよう。

【引用・参考文献】

Kahn, R.L. "Productive behavior : assessment, determinant, and effects", *Journal of the American Geriatrics Society*, 31, 1983, 750-757.

池田惠利子，「経済被害を防ぐために」『老年精神医学雑誌』第22巻第7号，2011，815-824.

上野千鶴子『おひとりさまの老後』法研，2007.

エリクソン，E.H.，小此木啓吾訳編『自我同一性─アイデンティティとライフ・サイクル─』誠信書房，1959＝1973.

岡村清子，「高齢期の人間関係」下仲順子編『高齢期の心理と臨床心理学』培風館，2007，110-130.

北村安樹子，「子育て世代のワーク・ライフ・バランスと"祖父母力"」『LifeDesign RE-PORT　2008. 5-6』2008，16-27.

小松紗代子・斎藤民・甲斐一郎，「孫の育児に参加する祖父母の精神的健康に関する文献的考察」『日本公衆衛生雑誌』57(11)，2010，1005-1014.

斉藤雅茂・冷水豊・山口麻衣・武居幸子，「大都市高齢者の社会的孤立の発現率と基本的特徴」『社会福祉学』50(1)，2009，110-122.

東京大学高齢社会総合研究機構編著『東大がつくった高齢社会の教科書』ベネッセ，2013.

直井道子，「老年期の人間関係」関崎一編『老年期の人間関係』培風館，2006，22-35.

古谷野亘，「社会的ネットワーク」『老年社会科学』13，1991，70.

前田信彦『アクティブ・エイジングの社会学』ミネルヴァ書房，2006.

第12章 支えられて生きる

1. 要介護高齢者の動向

(1) 要介護者とは

　私たちは，期間や程度などの差こそあれ，ある年齢に達すれば，介護を必要とする要介護期を迎え，要介護者になる場合が多い。

　「要介護者」とは，①要介護状態にある65歳以上の者，②加齢に伴って生じる心身の変化に起因する疾病（政令で定められている）が原因で要介護状態にある40歳以上65歳未満の者，のことである。また，「要介護状態」とは，身体上または精神上の障害があるために，入浴，排泄，食事等の日常生活における基本的な動作の全部または一部について，原則6か月以上にわたり継続して，常時介護を要すると見込まれる状態，のことをいう。介護保険制度では，介護の必要度に応じて，要支援1～2，要介護1～5の7段階に区分されている。

(2) 要介護者数および出現率の動向

　『高齢社会白書』（内閣府，2022）によると，介護保険制度における要介護または要支援の認定を受けた人（以下「要介護者等」という）は，2019年度は655.8万人であり，この10年間で186.2万人増加している（図12-1）。また，要介護者等は，65歳以上の高齢者の18.4％を占めている。

　さらに，前期高齢者65～74歳と後期高齢者75歳以上に分けて，それぞれ要支援，要介護の認定を受けた人の割合をみると，65～74歳では1.4％，2.9％であるのに対して，75歳以上では8.8％，23.1％となっており，後期高齢者になると要介護の認定を受ける人の割合が大きく上昇している。「介護の問題は後期高齢者の問題」といわれるゆえんである。

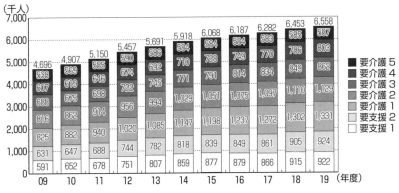

図12-1　65歳以上の高齢者の要介護度別認定者数の推移

注）2010年度は，東日本大震災の影響により，報告が困難であった福島県の5町1村（広野町，
　　楢葉町，富岡町，川内村，双葉町，新地町）を除いて集計した値
資料）厚生労働省「介護保険事業状況報告（年報）」
出典）内閣府『高齢社会白書』2020

（3）認知症と成年後見制度

1）認　知　症

　高齢期になると，人の名前がすぐに出てこなかったり，「これ・それ・あれ」の指示代名詞が日常的な会話の中に頻繁に登場したりするようになる。認知症とは，このような一時的な物忘れとは異なり，記憶思考，見当識，理解，計算，学習，言語，判断などの複数の認知機能に障害をもたらす病気を総称して用いられている。

　その代表的疾患として，脳細胞の脱落や脳萎縮が進行することによって生じるアルツハイマー型認知症と，脳出血や脳梗塞が原因で生じる脳血管性認知症があり，この二つの疾患で認知症全体の7～8割を占めている。

　「日本における認知症の高齢者人口の将来推計に関する研究」（平成26年度厚生労働科学研究費補助金特別研究事業，研究代表者二宮利治，2015）によると，新たに推計した認知症の有病率（各年齢層の認知症有病率が2012年以降一定と仮定した場合）は，2025年で高齢者の19％と推計されている。

　正常な状態と認知症の中間にあたるMCI（Mild Cognitive Impairment：軽度認知障害）という段階（グレーゾーン）は，認知機能に問題が生じてはいるが，日

常生活には支障がない状態のことである。厚生労働省によると，認知症とMCIを合わせた人口は862万人（2012年現在）としており，65歳以上の4人に1人にあたる。

　認知症の症状は，人によって異なり，初期の場合はすぐに認知症と気づかない場合がある。しかし，早期に受診し，診断を受けることは，より適切な治療やケアを受けることにつながり，その人らしさを長く保持して生活する可能性を高めることになる。2019年に決定された「認知症施策推進大綱」（認知症施策推進関係閣僚会議）では，認知症とともに生きる「共生」と「予防」（発症を遅らせる，進行を緩やかにする）を車の両輪として施策を推進していくことが示されている。

2）成年後見制度

　認知症などの理由で判断能力が十分でない者は，不動産や預貯金などの財産管理，身のまわりの世話のための介護等のサービスや施設への入所に関する契約，遺産分割の協議などの必要があっても，これらのことを自分でするのが難しい場合が多い。また，自分に不利益であってもよく判断ができずに契約を結んでしまい，悪徳商法の被害にあうケースも近年頻発している。このような判断能力の不十分な人々を保護・支援するのが「成年後見制度」である。

　成年後見制度には，「任意後見制度」と「法定後見制度」の二つがある。「任意後見制度」は，本人の判断能力があるうちに，将来，判断能力が不十分になった場合に備え，「誰に」「どのように支援してもらうか」をあらかじめ契約により決めておく制度である。法定後見制度は，本人の判断能力が衰えた後に，本人，配偶者，四親等内の親族などが家庭裁判所に審判の申立てを行い，裁判所によって成年後見人等が選ばれる制度である。本人の判断能力に応じて，「後見」（判断能力がまったくない者が対象），「保佐」（判断能力が著しく不十分な者が対象），「補助」（判断能力が不十分な者が対象）の三つの類型がある。後見の場合には，財産管理権についての全般的な代理権，取り消し権が与えられるなど，それぞれの類型によって，与えられる権限に違いがある。

　成年後見関係事件の申立件数は，年々増加しており，2021年には39,809件（前年は37,235件）であり，対前年比約6.9％の増加となっている。類型別では，「後見」の場合が圧倒的に多い（図12-2）。申立人については，市区町村長が

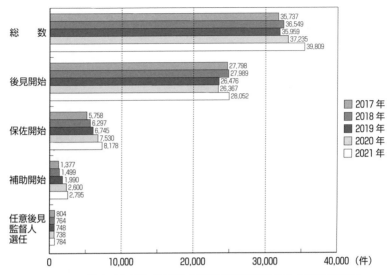

図12-2　過去5年間における成年後見関係事件の申立件数の推移

注）各年の件数は，それぞれ当該年の1月から12月までに申立てのあった件数である。
出典）最高裁判所事務総局家庭局「成年後見関係事件の概況」2022

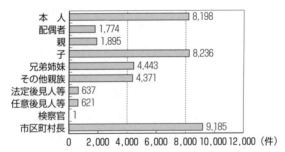

図12-3　成年後見関係事件の申立人と本人との関係別件数

注1）後見開始，保佐開始，補助開始および任意後見監督人選任事件の
　　　終局事件を対象とした。
　2）申立人が該当する「関係別」の個数を集計したもの（39,361件）
　　　を母数としている。
　3）その他親族とは，配偶者，親，子および兄弟姉妹を除く，四親等
　　　内の親族をいう。
出典）最高裁判所事務総局家庭局「成年後見関係事件の概況」2022

9,185件で最も多く全体の23.3％を占め，以下，子ども8,236件（20.9％），本人8,198件（20.8％）となっている。主な申立の動機としては，「預貯金等の管理・解約」（32.9％）が最も多く，次いで「身上保護」（24.4％）となっている。

2. 高齢者の介護意識

（1）介護を頼みたい人と場所

　内閣府「高齢者の健康に関する調査」（2017）によると，介護を頼みたい相手では，男性は「配偶者」が56.9％，女性は「ホームヘルパーなど介護サービスの人」が39.5％と最も多くなっている。女性については，配偶者よりも，子どもをあげる割合の方が多い（図12-4）。

　どこでどのような介護を受けたいかでは，男女とも場所としては「自宅」で介護を受けたい者が多い。そのうち「家族に依存せずに生活できるような介護

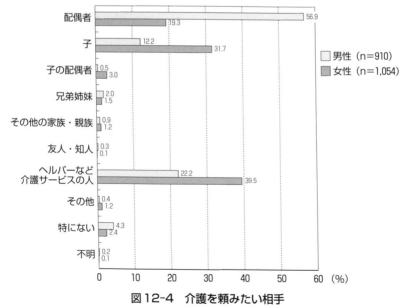

図12-4　介護を頼みたい相手

注）調査対象は，全国55歳以上の男女。択一回答。
出典）内閣府「高齢者の健康に関する意識調査」2017

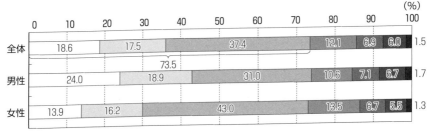

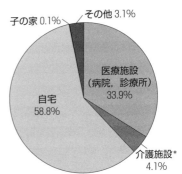

図12-5　介護をどこでどのように受けたいか

注）対象は，全国の40歳以上の男女
出典）厚生労働省「高齢社会に関する意識調査」2012

＊介護施設：有料老人ホーム，特別養護老人ホーム，サービス付き高齢者向け住宅など

図12-6　最期を迎えたい場所

注）対象は，67〜81歳の当事者
出典）日本財団「人生の最期の迎え方に関する全国調査」2021

サービスがあれば自宅で」という者が男性31.0％，女性43.0％と最も多く，男性では「自宅で家族中心に介護を受けたい」と希望する割合も高い。自宅以外では，「有料老人ホームやケア付き高齢者住宅」（男性10.6％，女性13.5％）が多く，以下，「特別養護老人ホームなどの施設」（男性7.1％，女性6.7％），「医療機関に入院」（男性6.7％，女性5.5％）となっている（図12-5）。

（2）最後の生活の場の選択

「人生の最期の迎え方に関する全国調査」（日本財団，2021）によると「死期が迫っているとわかったときに，人生の最期をどこで迎えたいか」という質問に対し，一番望ましい場所として58.8％の人が「自宅」を選択しており，次い

で病院などの「医療施設」が33.9％となっている（図12-6）。

「人口動態統計」（厚生労働省，2021）によると，日本人の死亡場所は病院が65.9％，介護老人保健施設・介護医療院が3.5％，老人ホームが10.0％，自宅が17.2％となっており，約3人に2人は病院で亡くなっている。自宅で死亡したものは2割に満たず，最期を自宅で迎えたいという希望は，今のところ，かなえられそうにないというのが現実である。

3. 介護保険制度を利用する

（1）介護保険制度とは

介護保険は，健康保険や年金保険，雇用保険などの社会保険の一つに位置づけられており，日本の社会保障制度の一つとして，人々の安心と安全を保障してくれる制度である。少子高齢化の日本社会においては，介護を必要とする高齢者が年々増加しており，介護期間の長期化や病気の重度化が進行している。また，家族形態も変化し，介護を担っていた女性のあり方も変わっていく中で，家族が介護を支えきれなくなり，介護は社会問題となっていった。こうした状況の中で，介護を社会全体で支えていくシステムとして介護保険制度が創設され，2000年から実施されている。実施後数次にわたり制度改正が図られたが，直近では「地域包括ケアシステムの深化・推進と制度の持続可能の確保」を目指して，2017年に改正が行われている。

（2）介護サービス利用の流れ

介護保険制度では，要介護度レベルという介護の必要度を示す基準があり，その基準にしたがって，さまざまな介護サービスを利用することができる。サービス利用の流れを図12-7に示した。介護保険制度のサービスを利用するためには，自ら申請して，要介護認定において「要介護・要支援」と認定されることが必要である。市区町村（地域包括支援センター）は，相談に訪れた利用者に対してチェックリストを活用・実施し，利用すべきサービス区分の振り分けを行う。「要介護・要支援」に認定されると，介護（介護予防）サービス計画（ケアプラン）が作られる。それに基づき，利用者が介護サービスを行う事業者

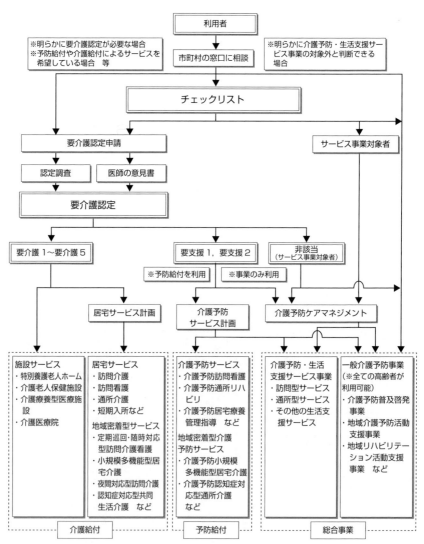

図12-7　介護および総合事業のサービス利用の流れ

出典）厚生労働統計協会：国民の福祉と介護の動向2022/2023，厚生労働統計協会，2022. をもとに作図

と直接契約を結んでサービスを利用する。

要介護認定で非該当になっても，また要介護認定の申請をしなくても，チェックリストで要介護状態になるおそれがあるサービス事業対象者と認定された場合には，市区町村（地域包括支援センター）で，利用者の状況や希望等も踏まえてケアプランを作成し（介護予防マネジメント），総合事業を利用することができる。

また，すべての高齢者が利用できる一般介護予防事業もある。介護の入り口よりもさらに前の段階から予防を行い，高齢者の健康と暮らしの向上を目指すのが主な目的である。多様な担い手による多様なサービスで，高齢者の見守り，居場所づくり，体力づくり，ネットワークづくりなどが行われる。それらを利用するとともに，利用者もその担い手になることが期待されている。

なお，要支援の者は，予防給付によるサービスではなく総合事業によるサービスを選択することが可能である。要介護状態にならず，できるだけ自立した生活が持続できるようになることが目指されている。

（3）介護サービスの利用例―要介護３の場合―

図12-8は，要介護3と認定された男性高齢者Aさん（85歳）の介護サービスの利用例である。要介護3の状態としては，身の回りの世話や立ち上がりがひとりではできず，排泄や入浴，衣服の着脱などで全般的な介助が必要であり，問題行動や理解の低下がいくつかみられることなどがあげられる。週3日の通所介護（デイサービス）と週3日の訪問介護（ホームヘルプサービス）を利用

		月曜日	火曜日	水曜日	木曜日	金曜日	土曜日	日曜日
午前	9：30～12：00	通所介護		通所介護		通所介護		
午後	12：00～13：00	通所介護	訪問介護	通所介護	訪問介護	通所介護	訪問介護	
	13：00～16：00	通所介護		通所介護		通所介護		

図12-8　要介護3と認定された高齢者の介護サービスの利用例

出典）介護度別ケアプラン事例集より作成（https://wakarukaigo.jp/careplan-jirei，2014年3月1日取得）

している。そのほかに，介護用ベッド，車椅子，歩行補助杖などの福祉用具貸
与も利用している。

　通所介護では，送迎，食事，入浴のほかに，カラオケ，囲碁などのさまざま
なアクティビティが行われているので，それに参加することもある。訪問介護
では，ホームヘルパーに，着替え，清拭，排泄介助，食事介助，口腔ケアなど
をしてもらっている。

　Aさんは妻（80歳）との2人暮らしで，老老介護の状態であるが，介護サー
ビスを利用することで，妻の介護負担が軽減し，住み慣れた地域社会での夫婦
2人の生活が維持されている。日曜日は，近くに住んでいる娘がサポートに来
てくれるので，助かっている。

4. 親しい人々との死別と適応

（1）配偶者や親しい友人との死別

　配偶者や親しい友人との死別という体験は，人それぞれに異なり，極めて個
人的なものといえる。高齢期になると，配偶者や親しい友人との死別を体験す
ることになるが，悲嘆反応や悲嘆への向き合い方，その回復プロセスに必要な
時間も，死別の相手やその人に対する個人的感情によって大きく異なる。

　アメリカの社会生理学者ホームズとレイ（Holmes, T.H. & Rahe, R.H., 1967）が
行った研究「ライフイベントとストレス」の社会的再適応評価尺度で示されて
いるストレス度では，配偶者の死が100，近親者の死が63，親友の死が37とな
っている。時代や社会によっても異なるが，親しい人の死によって受けるスト
レス度は高く，特に，長年連れ添った配偶者との死別は極めて強いストレスを
もたらすことから，その対処についての研究が行われている。

　配偶者との死別後には，二つの対処が大切になる。一つは配偶者を亡くした
ことによる心理的な喪失自体に対する対処であり，もう一つは死別の結果によ
って生じる生活問題への対処である。配偶者との死別後の心身の健康状態や，
回復過程を明らかにすることを目的とした岡林（1997）らの縦断研究では，周
囲の人々から得られた社会的支援が，配偶者と死別した高齢者の精神的健康を
維持するうえで重要であることを明らかにしており，ひとり暮らし高齢者が増

える中，社会的支援の意義が増加している。また，坂口（2003）の研究によると，生活再建や実生活上の問題解決（生活・人生志向対処）に伴う二次的ストレスは，男性がより日常生活上の困難に遭遇しやすいことが示されている。

（2）さまざまなサポートと適応

　親しい人々との死別と適応に対してどのようなサポートがあるのだろうか。子どもの家族と暮らす高齢者が多かった時代には，家族とのかかわりの中で，深い悲しみを癒すことが多かった。夫婦のみ世帯が3割ほどとなった今日，配偶者等との死別体験者への援助が「グリーフケア（grief care）」というかたちで進んでいる。グリーフケアは，重要な他者を喪失した人（あるいは，これから喪失する人）に対し，喪失から回復するための過程を促進し，喪失により生じるさまざまな問題軽減のために行われる援助であり，遺族への直接的・意図的な支援だけではなく，患者の死の前後を問わず，結果として遺族の適応過程にとってなんらかの助けになる行いなどととらえられている。

　グリーフケアは，死別後の対処の方向性ともかかわるが「回復」と「適応」の視点からとらえられる。回復とは，死別を経験することで生じる身体的・心理社会的機能低下に対し，さまざまな援助的介入によって，正常な心身の働きを取り戻すことである。適応とは，身近な人を亡くした人が，その人の死を受け入れ，生活上の変化などに適合し，新たな環境と調和できた状態である。

　次に示すのは，配偶者との死別後，周囲の支援によって悲嘆を乗り越え回復に至った女性高齢者（85歳）の事例である。

　　——夫と死別した後，どうしようもない悲しみに襲われた。涙が枯れるほど声を上げて泣いた。だれかと話をしていなければ不安になった。いつもの様子とは違うことを察知した子どもが，ひとりにしておくことは危険だと考え，病院に入院する手続きを取ってくれた。そこでカウンセリングを受けた。先生から夫が生きているように生活しなさい，と言われた。2週間後に退院し，家に戻ってからは，"お父さん，おはよう。お父さん，ただいま。お父さん，御飯だよ"と，姿形はないが，そばにいるかのように話しかけて生活した。子どもたちも，毎日電話をくれた。比較的近くに住んでいる子どもは，1週間に一度訪ねてくれた。隣近所の知り合いも声をかけてくれた。

子どもたちの家に行くときは，夫の写真を持参した。存在してはいないが，いつも近くにいて，私を見守ってくれている，今は，そう感じている。

悲嘆を乗り越えて，ひとり暮らしの環境に適応して暮らせるようになるまでに1年近くかかったということであった。

グリーフケアに関しては，日本では大学の研究機関（上智大学グリーフケア研究所等）やNPO法人などでさまざまな研究や支援活動が進められている。

（3）人生のエンディング

人生のエンディングにおいて，特に親族の争いの多い財産相続についての準備は，無用な争いを回避するためにも重要である。法律上，法定相続人とその順位，相続の割合が規定されているが，それ以外の場合は遺言が必要となる。

介護・看護が必要になったとき，どのような場所でだれによって介護や看護を受けるのか。延命治療，脳死，病名告知についてはどのようにするのか。特に医療の高度化の中で，「尊厳あるいのちの終わりへの人間の基本的権利」として，いのちの終わり方の問題をとらえる時代がきている。最近，バイオエシックスの視点が注目されている。バイオエシックスは，生命科学の進歩に伴い出生と死への人為的介入が可能になったことにより，新しい倫理的諸問題に対

多様化する墓・供養の形態

墓の承継者がいない，また，自分らしい墓を作りたいという人々の出現により，近年，供養のスタイルが多様化しているといわれている。新しい墓のスタイルとして注目されているのが，「自動搬送式」の屋内型納骨堂と「樹木葬」の方式である。「自動搬送式」では，契約者に割り当てられるのが「厨子」と呼ばれる遺骨スペースで，骨壺の大きさを変えるなどして複数の遺骨の収納が可能となる。利用者はブースで参拝カードをかざすと，各厨子が搬送されて共用墓石が中央にセットされ，お参りが可能となる。一般的に代が途絶えたら管理する寺の合祀に移され供養される。「樹木葬」は，契約された樹木のもとに遺骨が埋葬され，年間管理費がかからないなど後継者がいなくても安心な永代供養の一種とされている。

処する応用倫理学の一分野で，患者の自己決定権などをめぐる尊厳あるいのち
の終わり方ともかかわる。尊厳あるいのちの終わりを迎えるための「自己決
定」について，常日頃から家族や親族，医療・看護従事者やかかりつけ医との
間で「バイオエシックス的コミュニケーション」を行い，人生の「エンディン
グ・ノート」等に記録しておくことが大切である。

　認知症になった場合の後見制度の活用はどのようにするのかも考えておかな
ければならない。また，自分の葬儀はどこでだれを呼んで（連絡してほしい親
戚・友人・知人など），どのように行うのか。法事・仏壇，お墓・埋葬について
はどのようにするのか。よりよいエンディングのために早めの準備が必要な時
代となっている。自分の思いを書き残しておくことは，残された身近な人が判
断に困らないためだけではなく，自分自身の心の整理という意味でも有意義な
ことだと考えられる。

学習課題

1. それぞれの地域で行われている高齢者支援策について調べ，不足してい
   るものはなにかを考えてみよう。
2. 認知症の高齢者の特徴とその接し方を調べてみよう。
3. 身近な人の看取りの体験を聞いたり，読んだりして，支えられて生きる
   ことの意味を考えてみよう。

【引用・参考文献】

Holmes, T.H. & Rahe, R.H. "The social readjustment rating scale", *Journal of Psychosomatic Research*, 11, 1967, 213-218.

岩上真珠・鈴木岩弓・森謙二・渡辺秀樹『いま，この日本の家族—絆のゆくえ—』弘文堂，2010.

大川一郎・土田宣明・宇都宮博・日下菜穂子・奥村由美子編著『エピソードでつかむ老年心理学』ミネルヴァ書房，2011.

岡林秀樹・杉澤秀博・矢冨直美・中谷陽明・高梨薫・深谷太郎・柴田博，「配偶者との死別が高齢者の健康に及ぼす影響と社会的支援の緩衝効果」『心理学研究』68, 1997, 147-154.

坂口幸弘，「医療従事者に求められるケア」『EB Nursing』11(4), 2011, 613-618.

坂口幸弘，「配偶者喪失後の精神的健康に及ぼす家族関係の影響過程：媒介要因としての情

緒的孤独感に関する検討」『家族心理学研究』17(1)，2003，1-12.

柴田博・長田久雄・杉澤秀博編『老年学要論―老いを理解する―』建帛社，2007.

終活カウンセラー協会監修『終活の教科書―迷惑をかけない死に方・終わり方の準備―』辰巳出版，2013.

瀬藤乃理子，丸山総一郎，「子供との死別と遺された家族のグリーフケア」『心身医学』44(6)，2004，395-279.

高木修・竹村和久『無縁社会のゆくえ―人々の絆はなぜなくなるの？』誠信書房，2015.

古内耕太郎・坂口幸弘『グリーフケア―見送る人の悲しみを癒す―～「ひだまりの会」の軌跡～』毎日新聞社，2011.

森岡清美『「無縁社会」に高齢期を生きる』佼成出版社，2012.

終　章　社会の変化・家族の変化

1.　少子化・高齢化の進行

（1）少子高齢社会の現在

　現在，日本は世界のどの国も経験したことのない高齢社会を迎えている。1950年には約400万人，総人口の4.9％にすぎなかった高齢者（65歳以上）人口は，戦後，一貫して増加しつづけ，1997年には年少（0～14歳）人口を上回り，2021年には約3,621万人，総人口の28.9％を占めるまでとなった。高齢化率は今後さらに上昇し，2030年には31.2％（人口の約3割），2065年には38.4％（人口の約4割）になると予測されている（総務省「国勢調査」，国立社会保障・人口問題研究所「日本の将来推計人口」）。

　高齢化の要因は，死亡率の低下に伴う平均寿命の伸長と，少子化の進行による年少人口の減少である。衛生・栄養状況の水準の向上や医療技術の進歩によって，日本は世界でも上位の長寿国となり，高齢者人口が増加した。一方で，1970年代後半以降，出生数・出生率が低下し，1950年には約3,000万人と総人口の35.4％を占めていた年少人口は，2021年には約1,478万人，総人口に占める割合は11.8％にまで低下している。このような少子化の進行が高齢化率を上昇させ，高齢化の進行に拍車をかけているのである。

（2）人口減少社会の到来

　また，現在の日本社会は大きな転換期にある。人口減少社会への転換である。日本の人口は20世紀に3倍に増加した。しかし，人口減少社会「元年」とされる2008年以降，継続的に人口が減少に転じた。現在の総人口は1億2,550万人（2021年10月1日現在）であるが，2110年の総人口は4,286万人と予測されており，今後，21世紀の100年をかけて，また3分の1近くに減少すると予測されている。4,286万人は現在の関東の1都6県の人口とほぼ同じであり，大変な変化であることがわかるだろう。

　このように，少子化・高齢化の進行は，社会の枠組みともいえる総人口や人口構成に大きな影響を与えている。これまで日本社会は人口増加を前提として，社会経済システムを構築してきた。しかし，これからは人口減少社会を前提とした社会システムを整えていかなければならない。

　このような社会の変化は家族のあり方にも大きく影響する。生産年齢人口の減少による労働力不足が懸念される中，夫が働き，妻が家庭を守るというような性別役割分業を成り立たせることは難しくなっている。2021年の夫婦ともに就業している共働き世帯は1,247万世帯，男性雇用者と無業の妻からなる専業主婦世帯は566万世帯となっている（総務省「労働力調査」）。

　女性の社会参加への意欲の高まりや経済状況の悪化による雇用の不安定さが増大する中，共働き世帯は今後も増加すると予測され，社会や家庭におけるジェンダー平等がさらに浸透することが期待される。また，共働きが一般化する中で，母親の子育て負担の問題も解決していかなければならない。老親の扶養や介護も，家族であれば面倒をみるのが当然とするにはあまりにも過酷な状況を呈しており，ケアの社会化は重要な社会的課題である。

2. 結婚・家族・世帯の動向

（1）家族と暮らさない人の増加

　家族というと"夫婦と子ども"がイメージされることが多いが，2020年には，一般世帯の38.1％が単独世帯であり，夫婦と子どもからなる世帯の25.1％を超えて，最も多い世帯類型となっている（総務省「国勢調査」）。

　上述した高齢化や人口減少の要因になっている少子化の背景には，結婚しない人の増加があり，高齢化と未婚者の増加は，家族と暮らさない，"ひとり暮らし"の世帯（単独世帯）を増加させる要因になっている。単独世帯割合は，2030年には40％近くにまで上昇すると予測されており，家族と暮らさないというライフスタイルが多数派になる社会になってきている。

　どのような人がひとり暮らしをしているのか，男女別に年齢による単独世帯数の推移を示した図終-1からみてみると，1985年には男女ともに20歳代が最も多く，65歳以上の高齢者のひとり暮らしは少数であった。2015年になると，

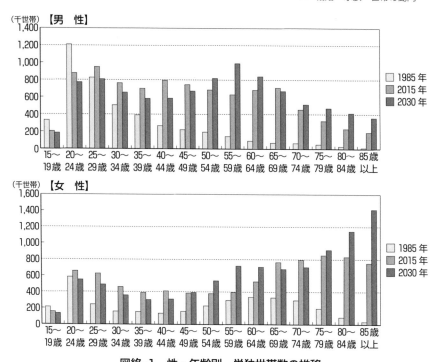

図終-1　性・年齢別，単独世帯数の推移

出典）総務省「国勢調査」，国立社会保障・人口問題研究所「将来推計世帯数」各年より作成

全年齢で単独世帯数が増加しており，ひとり暮らしが若者の一時的な生活形態ではなく，どの年齢層にも存在することがわかる。

　単独世帯の背景には先に述べた高齢化と未婚化に加え，配偶者との離死別，単身赴任などがあげられる。2030年の予測値をみると，高齢者の単独世帯の増加が顕著である。これからの日本では，高齢者のひとり暮らしがますます増えていくと予測されている。

（2）無縁社会，家族難民

　このように，家族と暮らさない人が増加する中で，ひとり暮らしの高齢者の孤立死の問題が注目を集めている。また，"家族がいるのに高齢者が所在不明になってしまう" "介護が必要な高齢者と仕事のない息子が親子そろって社会

から孤立してしまう”などの深刻な現実を前に，「無縁社会」という言葉が生まれ（NHK「無縁社会プロジェクト」取材班，2010），「無縁社会」「無縁死」が流行語にもなった。

「無縁社会」が注目されることで，無縁状態になるのは家族のいない人とは限らず，実家があったり，子どもがいる人であったり，性別や年齢，家族状況にかかわらず，今の日本には，無縁状態におちいる人が多数存在することが浮き彫りになった。

山田（2014）もまた，家族のサポートを受けられない人たち——自分を必要としてくれる存在のいない人たち——のことを「家族難民」とし，経済的にも心理的にも安心して暮らせる居場所を求めているのに，その居場所を確保できず社会を漂っている状態を示すのに，難民という表現はけっしておおげさではないと論じている。

家族がいれば自然と家族から必要とされ，サポートが手に入るわけではないという現実がつきつけられている。また，今後は，家族がいたとしても，誰しもひとりになる可能性があり，ひとり暮らしをする可能性が高まっている。他者とつながり，関係性を生きることの重要性と同等に，ひとりであること，個を生きることの重要性を認識し，個の自立を達成することが，これまで以上に求められてくるだろう。

上野（2007）は，長生きすればするほどシングルが増えてくる，超高齢社会で長生きした人はみんなシングルという時代がすぐそこまで来ている，ひとりで暮らす老後を怖がるのではなく，「ひとりが基本」の暮らしに向き合おうと提案する。超高齢社会を迎え，高齢者の単独世帯が増加する状況にあって，老いること，ひとりになることに対する準備，「おひとりさま」の老後の計画をしっかりと立てることがこれまで以上に重要であろう。

シングルであること，無縁であることを不幸ととらえるのではなく，たとえ家族と暮らさなくても，家族からのサポートがなくても，ひとりであることに向き合い，家族を超えた新たな縁を結び，誰もが個と関係性を生きられるような社会を構築していきたい。

3. 家族というつながり・家族を超えたつながり

（1）一番大切なものは"家族"

　家族関係の希薄化や無縁社会という言葉とは対照的に，日本人にとって，家族のもつ意味は大きくなっている。例えば，統計数理研究所が1953年から5年ごとに実施している「日本人の国民性調査」において，「一番大切なものは何ですか」という調査項目に対し，「家族」と回答するものが最も多く，2018年には41％となっている（図終-2）。

　社会経済的変化や人々の意識の変化に伴って，家族を形成すること自体が難しくなり，また家族という関係を維持することがより困難になっているからこそ，大切なものは"家族"と考える人が増えているということであろうか。

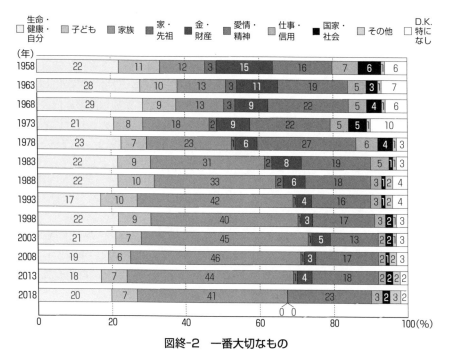

図終-2　一番大切なもの

出典）統計数理研究所「日本人の国民性調査」各年より作成

家族が当然，自然のものではなくなりつつある現在，家族に対する思いは強まっているといえよう。

（2）家族がいれば幸せか

　家族を大切だと思う人が多いことからも示されるように，家族が幸せの象徴であるかのように語られることは多い。結婚する友人には「おめでとう」と祝福し，結婚式では「笑顔の絶えない家庭を築きたい」と夢が語られ，子どもが生まれれば「新しい家族が増えました」と幸せで満たされている家族の姿が思い浮かぶ。しかし，多くの人が感じているように，家族がいること，家族といることが必ずしも幸せに結びつくわけではない。離婚率の上昇やDV・虐待被害の増加はそのことを裏づけている。

　家族は愛情で結びつき，幸せになるために家族をつくったはずである。それでも現実には，家族との関係に悩んだり，苦しんだりすることがある。2000年以降の家庭内の暴力に対する法律（児童虐待防止法，DV防止法，高齢者虐待防止法）の制定は，このような現実への対応である。

　寿命が延び，家族として過ごす時間が長期化する中で，ライフステージごとにさまざまな問題に直面し，家族が抱える問題もまた長期化，複雑化している。親族や地域のネットワークが機能しなくなる中で，家族は，家族内の人間関係や家族内で起きる数々の問題に単独で対処することを求められている。

　「家族がいれば幸せ」という家族幻想を捨て，現実の家族をみつめることが，家族の関係を見直し，関係性を変えていくきっかけになるだろう。

（3）家族を超えたつながり

　家族が私たちにとって特別な存在であることは確かである。良くも悪くも，家族から受ける影響は大きく，また家族から逃れることは相当に難しい。その影響力は過小評価されるべきではないことは，貧富の差の世代的継承や被虐待児のその後などからも明らかである。

　しかし，家族とは，人が育っていくうえで，生きていくうえで，必要条件であったとしても，十分条件ではないのではないだろうか。いつの時代でも，家族だけで子どもが育ち，人が生きられた社会は存在しない。家族を支える社会

的なネットワークがセーフティネットとして機能していたのである。その時々の社会状況に応じて，血縁，地縁，社縁がうまく機能し，家族が家族の機能を果たせるように支えてきた。また，家族からこぼれる人を支えてきた。

　結婚しない人が増加し，単独世帯が増え，無縁社会といわれる現代にあって，血縁（家族・親族）を支える，あるいは血縁にかわるネットワークが模索されている。家族がいてもいなくても，人とつながり，支え合える共助型の社会システムを構築し，充実させることが，これからの課題である。特に，少子高齢社会においてケアの問題は重要であり，地域社会での支え合いがますます必要とされている。

　また，近年，雇用をめぐる状況は厳しく，完全失業率，非正規雇用割合とも

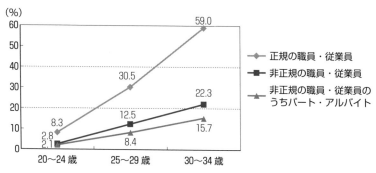

図終-3　男性の従業上の地位・雇用形態別有配偶率（2017年）

出典）内閣府『令和4年版少子化社会対策白書』2022

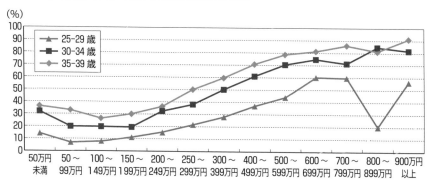

図終-4　男性の年収別有配偶率（2017年）

出典）内閣府『令和4年版少子化社会対策白書』2022

に高い水準で推移している。このような雇用状況や経済状況のもと，家族を養うことに困難を抱えている人の増加も頻繁に報道されている。また，結婚し，子どもをもつという家族形成に困難を感じている若者の増加も問題になっている。雇用形態（正規と非正規）による収入格差や貧富の差が拡大し，格差社会ともいわれる現状は，家族形成や家族関係にも大きな影響を与えている。

　例えば，「夫が稼ぎ，妻が家庭に入る」という従来型の家族をモデルとした場合，十分な稼ぎがない男性は家族を形成することを断念するかもしれない。実際に，特に男性において，雇用形態や収入が配偶者の有無と関連していることが明らかになっている（図終-3，図終-4）。

　雇用形態については，非正規の有配偶率は低く，25～29歳，30～34歳とも正規の職員・従業員の半分以下，非正規の職員・従業員のうちパート・アルバイトでは25～29歳，30～34歳とも正規の職員・従業員の4分の1程度である（図終-3）。また，年収別の有配偶率をみると，いずれの年齢層でも一定水準までは年収が高い人ほど配偶者のいる割合が高い傾向がうかがえた（図終-4）。

　社会経済状況が変化し，格差社会といわれる状況が進行する中，今後の家族形成においては，従来型の家族モデルにとらわれず，自分たちの望む新しい家族のあり方をみつけていくことが求められている。それを可能にするためには，社会が多様な家族のあり方を支えていくことが前提となる。どのようなライフスタイルを選択したとしても不利益が生じることのないよう，ライフスタイルに対する中立性を確保すること，社会的マイノリティに対する社会的支援を充実させることが不可欠である。

【引用・参考文献】

NHK「無縁社会プロジェクト」取材班編『無縁社会―"無縁死"三万二千人の衝撃―』文藝春秋，2010.

岩上真珠・鈴木岩弓・森謙二・渡辺秀樹『いま，この日本の家族―絆のゆくえ』弘文堂，2010.

上野千鶴子『おひとりさまの老後』法研，2007.

黒川祥子『誕生日を知らない女の子　虐待―その後の子どもたち―』集英社，2013.

松谷明彦・藤正巌『人口減少社会の設計―幸福な未来への経済学―』中央公論新社，2002.

三浦展『データでわかる2030年の日本』洋泉社，2013.

山田昌弘『「家族」難民　生涯未婚率25％社会の衝撃』朝日新聞出版，2014.

参 考 図 書

●序　章　家族関係学を学ぶにあたって

日本家政学会編『現代家族を読み解く12章』丸善出版，2018.

藤見純子・西野理子『現代日本人の家族』有斐閣，2009.

宮本みち子・清水新二編著『家族生活研究―家族の景色とその見方―』放送大学教育振興
　　会，2009.

●第1章　生まれる・育つ

苅谷剛彦・濱名陽子・木村涼子・酒井朗『教育の社会学　新版』有斐閣，2010.

日本子ども家庭総合研究所編『日本子ども資料年鑑』KTC中央出版，各年.

原田正文『子育ての変貌と次世代育成支援』名古屋大学出版会，2006.

松本伊智朗・小西祐馬・川田学編『遊び・育ち・経験―子どもの世界を守る』明石書店，
　　2019.

ルイス，M.・高橋惠子編『愛着からソーシャル・ネットワークへ』新曜社，2007.

●第2章　子どもが直面している問題

阿部彩『子どもの貧困Ⅱ―解決策を考える―』岩波書店，2014.

土井隆義『友だち地獄―「空気を読む」世代のサバイバル―』筑摩書房，2008.

本田由紀『若者の気分　学校の「空気」』岩波書店，2011.

森田洋司『いじめとは何か―教室の問題，社会の問題―』中央公論新社，2010.

山下美紀『子どもの「生きづらさ」―子ども主体の生活システム論的アプローチ―』学文
　　社，2012.

●第3章　青年期の自立と親子関係

朝井リョウ『何者』新潮文庫，2015.

白井利明『大人へのなりかた―青年心理学の視点から―』新日本出版社，2003.

信田さよ子『一卵性母娘な関係』主婦の友社，1997.

宮本みち子『若者が《社会的弱者》に転落する』洋泉社，2002.

山田昌弘『パラサイト社会のゆくえ―データで読み解く日本の家族―』ちくま新書，2004.

「特集1　親と子ども―それぞれの自立』『教育と医学』789，2019年3月号

●第4章　セクシュアリティ，性，生殖

石原理『生殖医療の衝撃』講談社，2016.

日本性教育協会編『「若者の性」白書』小学館，2013.

木原雅子・木原正博，「若者に見られる性行動とSTD」田中正利編『性感染症STD　改訂
　　2版』南山堂，2008.

森岡正博『草食系男子の恋愛学』メディアファクトリー，2008.

森岡正博，「「草食系男子」の現象学的考察」*The Review of Life Studies*，Vol.1 October
　　2011.

●第5章　パートナーの選択と結婚

井上たか子編著『フランス女性はなせ結婚しないで子どもを産むのか』勁草書房，2012.

岩上真珠『ライフコースとジェンダーで読む家族（第3版）』有斐閣，2013.

治部れんげ『稼ぐ妻・育てる夫―夫婦の戦略的役割交換―』勁草書房，2009.

山田昌弘編著『「婚活」現象の社会学』東洋経済新報社，2010.

湯沢雍彦『明治の結婚 明治の離婚―家庭内ジェンダーの原点―』角川書店，2005.

●第6章　夫婦関係の諸相

井上輝子『新・女性学への招待―変わる／変わらない女の一生―』有斐閣，2011.

神原文子『現代の結婚と夫婦関係』培風館，1991.

長津美代子『中年期における夫婦関係の研究―個人化・個別化・統合の視点から―』日本評論社，2007.

藤見純子・西野理子編『現代日本人の家族―NFRJからみたその姿―』有斐閣，2009.

渡辺秀樹・稲葉昭英・嶋﨑尚子編『現代家族の構造と変容―全国家族調査［NFRJ98］による計量分析―』東京大学出版会，2004.

●第7章　離婚・再婚とステップファミリー

『グッドナイト・ムーン』（原題：Stepmom），コロンビア映画，1998.

『幼な子われらに生まれ』ファントムフィルム，2017.

SAJ・野沢慎司編『ステップファミリーのきほんをまなぶ―離婚・再婚と子どもたち』金剛出版，2018.

小田切紀子・町田隆司編『離婚と面会交流―子どもに寄りそう制度と支援』金剛出版，2020.

野沢慎司・菊地真理『ステップファミリー―子どもからみた離婚・再婚』KADOKAWA，2021.

●第8章　子育てと子どもの社会化

井上清美『現代日本の母親規範と自己アイデンティティ』風間書房，2013.

奥山千鶴子『親たちが立ち上げた！おやこの広場びーのびーの』ミネルヴァ書房，2003.

小崎恭弘・田辺昌吾・松本しのぶ編著『家族・働き方・社会を変える父親への子育て支援』ミネルヴァ書房，2017.

是枝裕和監督『そして父になる』（映画）ギャガ，2013.

相馬直子・松木洋人編著『地域子育て支援を労働として考える』勁草書房，2020.

●第9章　ワーク・ライフ・バランス

岩上真珠『ライフコースとジェンダーで読む家族（第3版）』有斐閣，2013.

大沢真知子『ワークライフバランス社会へ―個人が主役の働き方―』岩波書店，2006.

落合恵美子『21世紀家族へ（第4版）』有斐閣，2019.

河合蘭『未妊―「産む」と決められない―』日本放送出版協会，2006.

パク・ジョアン・スックチャ『会社人間が会社をつぶす―ワーク・ライフ・バランスの提案―』朝日新聞社，2002.

●第10章　親のケアにかかわるということ

上野千鶴子・大熊由紀子・大沢真理・神野直彦・副田義也編『ケアその思想と実践2　ケアすること』岩波書店，2008.

春日キスヨ『変わる家族と介護』講談社，2010.

加藤伸司・矢吹知之編著『家族が高齢者虐待をしてしまうとき』ワールドプランニング，2012.

木下康仁『老人ケアの社会学』医学書院，1989.

津止正敏・斎藤真緒『男性介護者白書―家族介護者支援への提言―』かもがわ出版，2007.

●第11章　高齢期の社会関係と生きがい

上野千鶴子『おひとりさまの老後』法研，2007.

上野千鶴子『おひとりさまの最期』朝日文庫，2019.

大川一郎・宇都宮博・日下菜穂子・奥村由美子・土田宣明編著『エピソードでつかむ老年心理学』ミネルヴァ書房，2011.

下仲順子編『老年心理学　改訂版』培風館，2012.

東京大学高齢社会総合研究機構『東大がつくった高齢社会の教科書：長寿時代の人生設計と社会創造』東京大学出版会，2017.

●第12章　支えられて生きる

岩上真珠・鈴木岩弓・森謙二・渡辺秀樹『いま，この日本の家族―絆のゆくえ―』弘文堂，2010.

大川一郎・土田宣明・宇都宮博・日下菜穂子・奥村由美子編著『エピソードでつかむ老年心理学』ミネルヴァ書房，2011.

柴田博・長田久雄・杉澤秀博編著『老年学要論―老いを理解する―』建帛社，2007.

宮永和夫編集代表『若年認知症―本人・家族が紡ぐ7つの物語―』中央法規出版，2006.

森岡清美『「無縁社会」に高齢期を生きる』佼成出版社，2012.

●終　章　社会の変化・家族の変化

NHK「無縁社会プロジェクト」取材班編『無縁社会―"無縁死"三万二千人の衝撃―』文藝春秋，2010.

上野千鶴子『おひとりさまの老後』文春文庫，2011.

内田也哉子・中野信子『なんで家族を続けるの？』文春新書，2021.

山田昌弘『結婚不要社会』朝日新書，2019.

索　引

執筆者・執筆担当

〔編著者〕

長津美代子 （ながつみよこ）　群馬大学名誉教授　　　　　　序章, 第6章, 第10章

小澤千穂子 （おざわちほこ）　大妻女子大学元教授　第4章2(3), 3, 4(1)(4), 第5章

〔著　者〕（執筆順）

冬木　春子 （ふゆきはるこ）　静岡大学教育学部教授　　　　　　　　　　第1章

山下　美紀 （やましたみき）　ノートルダム清心女子大学文学部教授　　　第2章

大石　美佳 （おおいしみか）　鎌倉女子大学家政学部教授　　　　　　第3章, 終章

細江　容子 （ほそえようこ）　実践女子大学名誉教授　第4章1, 2(1)(2), 4(2)(3), 第12章

菊地　真理 （きくちまり）　大阪産業大学経済学部准教授　　　　　　　　第7章

井上　清美 （いのうえきよみ）　東京家政学院大学現代生活学部准教授　　　第8章

井田　瑞江 （いだみずえ）　関東学院大学社会学部教授　　　　　　　　　第9章

平野　順子 （ひらのじゅんこ）　東京家政大学短期大学部准教授　　　　　第11章

三訂 新しい家族関係学

| 2014 年（平成 26 年） 7 月 25 日　 初版発行〜第 5 刷 |
| 2018 年（平成 30 年） 3 月 30 日　 改訂版発行〜第 4 刷 |
| 2023 年（令和 5 年） 2 月 1 日　 三訂版発行 |
| 2023 年（令和 5 年）12 月 20 日　 三訂版第 2 刷発行 |

編 著 者　　長 津 美 代 子
小 澤 千 穂 子

発 行 者　　筑 紫 和 男

発 行 所　　株式会社 建 帛 社
KENPAKUSHA

〒 112-0011　東京都文京区千石 4 丁目 2 番 15 号
T E L　　(03) 3 9 4 4 - 2 6 1 1
F A X　　(03) 3 9 4 6 - 4 3 7 7
https://www.kenpakusha.co.jp/

ISBN978-4-7679-1450-3　C3036　　　　　　　教文堂／田部井手帳
©長津美代子，小澤千穂子ほか，2014, 2018, 2023.　　Printed in Japan
（定価はカバーに表示してあります）